叙事学视角下的

文本解读

方法与案例

卢杨 著

中国出版集团公司
华文出版社

图书在版编目（CIP）数据

叙事学视角下的文本解读方法与案例 / 卢杨著. --北京：华文出版社，2021.8
ISBN 978-7-5075-5490-8

Ⅰ. ①叙… Ⅱ. ①卢… Ⅲ. ①小学语文课－教学研究 Ⅳ. ①G623.203

中国版本图书馆CIP数据核字（2021）第163135号

叙事学视角下的文本解读方法与案例

著　　者：卢　杨
责任编辑：刘超平　寇　宁
出版发行：华文出版社
地　　址：北京市西城区广外大街305号8区2号楼
邮政编码：100055
网　　址：http://www.hwcbs.com.cn
投稿信箱：hwcbs@126.com
电　　话：总编室 010-58336239　责任编辑 010-58336222
　　　　　发行部 010-58336267
经　　销：新华书店
印　　刷：北京建宏印刷有限公司
开　　本：880mm×1230mm　1/32
印　　张：6.875
字　　数：120千字
版　　次：2021年8月第1版
印　　次：2021年8月第1次印刷
标准书号：ISBN 978-7-5075-5490-8
定　　价：46.00元

版权所有，侵权必究

序　言

引进知识的"活水"，激发语文教学的创造力

我们喜欢一节课，往往会给一个通俗、形象的评定——有"语文味"。细究一下，"语文味"具体体现在哪里？这可能言人人殊，各有不同的评判。"语文味"是个模糊的概念，究其内涵，还是指向语文教学内容的合宜性。换言之，语文教学内容的合宜性程度高，"语文味"就足；语文教学内容的合宜性程度低，"语文味"就弱。而评判语文教学内容的合宜与否，重要的依据之一就是看是否切合文章体式的特性，是否把小说当小说教、把散文当散文教……

如何才能依循文章体式，确定合宜的教学内容呢？以小说教学为例，教师们的第一反应，多是从头脑中蹦出"故事情节""人物形象""环境描写"这类被称为小说三要素的概念，日常的小说教学往往也离不开这三要素的框架。比如，扣住开端、发展、高潮、

结局，梳理一下故事情节，抓住人物的外貌、语言、动作、心理等分析一下人物的性格，如有环境描写，就指导学生去理解它是如何烘托、突出、深化……但是，如若还承认小说是一种与一般记叙文、散文有所不同的文学体裁的话，这种只是"分分层次、品品语言、说说人物"一类的小说教学，和记叙文、散文教学又有何区别？把小说当一般文章来讲，比如和散文一样来讲行不行？这样也不是完全不行，比如抓抓描写、赏赏语言、理理结构、说说主题，但这些只是教学所有叙事类文本的共性，没有体现出小说教学的个性。小说教学，要把小说当小说来教，要更新小说阅读知识，教出小说这种文学体裁的特点，比如引入虚构、艺术真实、叙述者、叙述视角、突转等概念，优化小说阅读的策略。

卢杨老师的这本《叙事学视角下的文本解读方法与案例》，在研究了大量叙事学著作的基础上，结合中小学语文教学的实际，对叙事学知识做了精心的选择、提取、转化和阐释，从叙事分析的故事层面着重介绍了情节、人物、环境等概念及其与文本意义生成的关系，从话语层面着重介绍了叙述视角、叙述者等概念及其应用方法。从一线语文教师的现实需求考量，卢杨老师不是简单地搬运知识，而是择取了现行中小学语文教材中常见的叙事性文本样式，如人物传记、叙事散文、小说、童话、寓言、神话和传说等，以典型文本为例，系统地介绍了文本分析过程中可以采用的概念和方法，内容鲜活新颖又简明实用。

作为语文课程与教学的研究者和一线教师的培训者，卢杨老师积极促进学术知识向教学实践转化，为一线教师提升文本解读能力、提高教学水平搭建桥梁，这体现了她难能可贵的责任意识和学术勇气。撰写这样一本融合了教学实践的学术著作并不容易，甚至在某种程度上比撰写纯粹的理论著作更有挑战性。它要求著作者既要精研相关理论、透视学术知识，更要熟稔中小学语文教学的实际需求，有效转化学术知识。我作为语文教育研究的同行，为卢杨老师的这项研究和转化工作叫好。

叙事学的知识不是用来兜售的，而是用来建构学生新的阅读图式的。卢杨老师的这本著作，不是躺在书架上的静态文本，而是能够进入中小学语文课堂的成果。这本《叙事学视角下的文本解读方法与案例》所讲述的新的知识框架、新的阅读视野，一定会有助于冲破陈旧知识的藩篱，为教师和学生解读作品提供更开阔的思路，为阅读教学带来新的气象。

北京市教育学会语文教学研究会理事长
中国教育学会中学语文教学专业委员会副理事长
李卫东
2021年3月8日

前　言

　　语文教学改革倡导的阅读是体现学生主体性的个性化行为，教师在教学中应引导学生钻研文本，积极与文本对话，并重视学生独特的感受、体验与理解，加强对学生阅读的指导、引领和点拨，不应以教师自己的分析代替学生的体验和思考。记得有次在《斑羚飞渡》一文的课堂观摩教学中，有学生提出了这样的疑问："文中'镰刀头羊走了上去，消失在一片灿烂中'，它走到哪儿去了？为什么不写它跳下悬崖，好一会儿才听见扑通的落水声？"当时授课教师的回答是：这样写是为了赞美头羊的牺牲精神。从那个学生困惑的眼神中可以看出，这样的回答并没有为他解惑。

　　如何能够恰当、准确地把握和回答学生在与文本对话的过程中产生的个性化问题，这是新课程改革以来教师在解读文本的过程中所面临的新的挑战，优秀的教学设计，是建立在对文本深刻而通透的理解之上的，因此，努力提升自己的文本解读能力是语文教师亟须解决的首要任务。

新课程改革释放了学生的主体性，也打破了传统课堂的文本对话结构，使得潜在的文本解读路径、文本解读方法等语文教学问题浮出水面。有学者在对国内外母语课程标准的比较研究基础上，就语文教学的知识现状提出了批判性的反思，指出学校系统中的语文知识与学术系统中的学术知识两相隔膜，老死不相往来，而在这种情况下，语文教育界自行生产了许多缺乏严格学术检验的语文知识。"课程的问题，本质上是知识的选择问题。革除中国语文课程与教学的种种弊端，归根结底，要靠语文学校知识的除旧纳新。"① 而从当下中小学语文教育界的现实情况来看，一方面迫切需要语文教师提升自身的文本解读能力，而另一方面，在教育系统内助力一线教师提升文本解读能力的资源又很匮乏。

作为一名语文课程与教学的研究者和一线教师的培训者，一些学者批判与反思的认识，帮助我认清了问题的本质，拓宽了我的视野，也增强了我的使命感。作为一名语文教学研究人员，我有责任促进学术知识向教学实践知识的转化，为一线教师的文本解读能力注入源头活水。

---

① 王荣生：《语文科课程论基础》（第二版），上海教育出版社，2005，第218页。

如果说学校系统中的语文知识与学术系统中的学术知识从来都是两相隔膜，那就大错特错了。20世纪二三十年代，我国一大批学者汲取学界知识，积极建构语文学科知识体系。这一点从夏丏尊、叶圣陶等前辈丰厚的著述中可考。在夏丏尊先生的《文章作法·序》中，夏先生写道："教师原是忙碌者，国文教师尤其是忙碌者中的忙碌者，全书诸稿，记得都是深夜在呵欠中写成的。"①"本书内容取材于日本同性质的书籍者殊不少。"②书中关于记事文、叙事文、说明文、议论文等知识皆来自日本同类书籍的译介，但经过作者的转化，又用深入浅出的语言表达出来，更易于被人理解和接受。在叙事文知识方面，书中介绍了叙事文的要素、观察点、观察点的变动以及叙事文的流动等，有些知识（如叙事文的要素）早已成为中小学语文教学的常识。

叙事学作为一门独立的学科，形成于20世纪60年代，以叙事性文本为研究对象，研究的范围包括三大方面：叙述方式（叙事文表达的形式）、叙事结构（叙事文情节、人物、环境等内容的形式）和叙事文阅读（叙事文形式与意义的关系）。我国叙事学学者胡亚敏曾在专著《叙事学》一书中表达了自己的观点：从

---

① 夏丏尊、刘薰宇：《文章作法·序》，中华书局，2013，第1页。
② 同上书，第2页。

一部叙事性作品中了解一个故事的时代应该结束了。叙事学给传统的故事解读带来崭新的视角，这些新知识、新方法同样需要以语文学界前辈当初的精神去吸收与转化。

美国叙事学学者杰拉德·普林斯指出："叙事的真正主题，是特定事件的表现而不是事件本身；真正的主人公是叙述者，而不是他的任何一个人物。"①也就是说，叙事学视角下的文本解读并不只是关注故事内容，而是更加关注故事内容呈现的方式，即故事是怎样讲述的。叙事学视角下的文本解读，在方法上还不只是突破传统解读中重故事、轻叙述的做法，更重要的是，叙事学探索出基于叙事结构的叙事性作品意义生成的机制，即叙事性作品的创作目的是通过其独特的叙事结构呈现出来的。叙事学学者从故事与话语两个维度勾勒出叙事性作品的结构，鉴于此，本书从叙事分析的故事层面着重介绍了情节、人物、环境等概念及其与文本意义生成的关系，从话语层面着重介绍了叙述视角、叙述者等概念及其应用方法。

从现行中小学语文教材中的叙事性文本来看，大体包括以下几种体裁：人物传记，叙事散文，小说，童话、寓言、神话和民间传说故事等，本书将着重介

---

① 杰拉德·普林斯：《叙事学：叙事的形式与功能》，徐强译，中国人民大学出版社，2013，第14页。

绍几种分析这些体裁的文本时可以采用的概念和方法，并结合中小学教师熟悉的文本进行举例说明，便于大家理解与掌握。

总的来说，叙事学视角下文本解读方法的关键是在作品结构分析的基础上，把握路径和方法，恰到好处地解读文本。相应地，叙事性文本的解读不能停留于寻章摘句或个性化的读后感，而是要在明确虚实界限的同时，明确故事与话语的相互作用，通过结构分析达到不同的解读层次。

本书所选的文本解读案例基本上以现行义务教育教科书语文教材（以下简称统编教材）中的叙事文为主，文本解读的案例框架大体包括文本类型、情节结构、人物形象分析、环境描写、叙述视角和文本主题意蕴，不同类型的文本会在框架要素上有所侧重。当然，受研究视野和本书篇幅所限，这一框架仅供教师们参考，希望教师们在理解其内在逻辑的基础上，在自己的文本解读实践中加以灵活运用，并能够通过持续的自主学习不断拓展和深化这一方法。

本书的结构和内容安排大体如下：

第一章，介绍文本解读的基本知识与方法。首先从整体上对文本解读的意义和方法进行了梳理，在此基础上，对叙事学理论的源流、叙事学视角下文本解读的独到之处进行了简要说明。

第二章，介绍叙事性文本的结构及其分析方法。

从叙事学的视角介绍了叙事性作品结构的要素、原理及文本意义生成的机制，叙事性文本结构分析的一般原则，以及对中小学语文教材中叙事性文本进行结构分析的一般方法。

第三章，结合叙事学的核心概念，从中小学叙事文解读的需要出发，选取较为常用、好用的概念，结合文本，分析范例，并加以介绍，将概念、内涵及其应用方法，结合中小学教材中的作品进行解析，并对容易混淆的概念进行了适当辨析和澄清。

第四章，运用叙事学的理论和方法，选取文本进行解读。以现行统编教材中的叙事文为主，对童话、寓言、神话和民间传说故事，人物传记，叙事散文，小说几类主要文体共28篇文本，从叙事学视角进行解读。

需要说明的是，文本解读只是打通中小学语文教学实践与叙事学理论之间隔膜的第一步，如何在课堂上加以适当运用，还需要一线教师根据自身的认知和学情的实际情况，开展进一步的研究与实践。由于这两个领域的知识体系本就较为复杂，加之本人学识疏浅，谬误与疏漏在所难免，不足之处还望得到专家、同行及一线教师的批评指正。

卢　杨

2020年1月29日

目 录

第一章 文本解读概说 …………………………… 1
第一节 文本解读的意义 …………………………… 1
第二节 文本解读要点简说 ………………………… 4
第三节 叙事学视角下的文本解读 ………………… 7

第二章 叙事性文本的结构及其分析方法 ………… 10
第一节 叙事性文本的结构 ………………………… 10
第二节 叙事性文本结构分析的一般原则 ………… 14
第三节 中小学语文教材中叙事性文本的结构
　　　　分析 ………………………………………… 17

第三章 叙事学的核心概念 ………………………… 22
第一节 情节 ………………………………………… 23

第二节　人物…………………………………………… 37
第三节　故事空间：背景、场景、环境……………… 50
第四节　叙述视角与叙述者…………………………… 61

第四章　叙事学视角下文本解读的案例……………… 72
第一节　童话、寓言、神话和民间传说故事
　　　　解读案例……………………………………… 73
第二节　人物传记解读案例…………………………… 97
第三节　叙事散文解读案例…………………………… 116
第四节　小说解读案例………………………………… 153

参考文献………………………………………………… 197
后　　记………………………………………………… 201

第一章 文本解读概说

第一节 文本解读的意义

在当下,文本解读已是中小学语文教师常用的一个词,似乎文本解读已没有更多可以索解的了,仿佛只要我们在教语文,我们就是在进行文本解读,可以说没有文本解读就没有语文教学。

一个语词刚诞生的时候往往有着既鲜活又深远的意义,这才保证了它的传承与应用。但无法避免的是,由于用得多了,这个词很快就会成为陈词滥调,一旦有人再提及,会令人感到索然无味甚至大煞风景。其实,正是当一个词已经成为常用词乃至套语、俗话的时候,才是需要我们仔细品析和玩味它的时候,这样才能正确理解和运用它。

目前的语文教学工作中,"教教材"和"用教材教"两者以何为本,已清楚明了,不需要再争论,但在我国语文学科的教育史上,是有过"完全忠实"取向的，有过以"教教材"为核心的语文教学路径的，在这一路径中，语文教学承担了重要的思想教育功能，每篇课文承载的思想教育功能乃至思想教育使命都是相当明确且需要贯彻落实的。这就导致语文课背离了语文的学科本质。

2001年6月，教育部颁布《基础教育课程改革纲要（试行）》文件，面向新世纪，推行素质教育的新课程改革正式启动。新课程改革要求激发学生的学习动力，变"要学生学"为"学生要学"，具体体现在语文学科的教学上，则是尊重学生的主体性、独立性乃至自主性，尊重甚至引导学生对文学作品形成个性化的理解和解读。但在教学实践过程中，由于过分强调学生的个性化解读，导致学生对语文文本形成了表面化、肤浅，甚至断章取义式的理解。

面对这种局面，语文学科的一些教育专家开始呼吁要引导学生回归文本，通过文本解读来理解文本，而不是走马观花式的阅读后简单地抽取思想意义或情绪感受。"用教材教"在后续也成了落实学生语文能力培养的必然选择。2017年《普通高中语文学科课程标准》出台后，语文学科核心素养的培育更成为学科教学的导向性目标，而脱离了文本解读，语言建构与运用、思维发展与提升、审美鉴赏与创造、文化传承与理解，这四个维度的素养培育必然成为无本之木、无源之水。

从文本解读这一表述的广义层面来看，只要阅读了文本，无论通过何种方式、达到何种程度，都可以形成一定的解读。但近些年来，语文教学中强调的文本解读，则更多偏重于文学领域，旨在"透过文本的字面意思去领悟那涵咏不尽的真义，要能够细致地体察文字中酝蕴的情趣、妙味，还要能够从作者的选词用字去领会作者独具的匠心"[①]。不难看出，虽然这种解读已经超越了提取信息、感知情绪的简单层面，但仍停留在文本的语义层面。我们知道，一个文本的意义的生成，并不完全依托于其语义，还包括其呈现文本的方式，如果一定要用二分法进行表述的话，即除内容之外，表达内容的形式也有着重要的意义，这也正是本研究借助叙事学理论的方法来进行文本解读的重要原因。

因此，本书在叙事学视角下所理解的文本解读，旨在以叙事文为范本，将文本的语义和结构层面的不可分割的联系呈现出来，并在此前提下解读文本，进而实现文本内容与形式的统一，以便理解得更深入、更透彻，从而达到在叙事文的教学领域落实语文学科核心素养培育的目的。

---

① 王耀辉：《文学文本解读·导言》，华中师范大学出版社，1999，第2页。

第二节 文本解读要点简说

　　语文教学实践中的文本解读涉及诸多领域的对象，也就是说，任何一种体裁的文本都可以进行文本解读，比如，有学者从学术或学科建构的角度将语文文本解读的对象区分为文学类文本和实用类文本，而侧重于语文教学实践研究的学者也可以笼而统之地进行文本解读的研究与实践，也有学者将文本解读的视角集中在四大基本文学体裁上，即诗歌、散文、小说和戏剧。总体来看，这类研究有两个突出的倾向是值得我们语文教学领域的研究者关注的，一是强调文本的体裁特征，重视从体裁出发进行文本解读；二是重视教学需要，即语文教学研究领域的文本解读不同于个体化的文本阅读与理解，也就是说，教师要从学科知识传递与学科素养培育的角度来教授文本解读的知识、技能与方法，学生也要避免前文所提到的过于偏重个性化的解读，要在这个过程中习得基本的学科素养，为后续的学习打下良好的基础。

　　文本解读无论采取何种角度、路径或方法，文学体裁都是一个不容忽视的部分，因为作品的体裁决定了作品的创作目的，也就是说，一个作者在确定了创作目的之后，同时也就基本确定了其作品的体裁。即便有些作品的体裁特征可能稍显模糊，但结合其具体内容与表达特点，我们往往也可以将之归为某一种体裁。在这种情况下，基于作品体裁进行文本解读是大体不错的，比如我们在解读小说文本时，一般从小说的三要素——人物、情节和环境入手，但如果作品主题、创作背景或作者介绍先行，就变成了实用文章的意义索解，小说自身的丰富内涵即便还能解读出来，也已韵味尽失，小说作为艺术作品在培养审美鉴赏能力方面的学科价值便无从谈起。因此，体裁作为语文学科文本解读的出发点大体是不错的，但如果我们不能基于作品的体裁来确定相应的文本解读路径和策略，很可能会事倍功半，甚至南辕北辙。

除体裁外，语文教学中的文本解读还要重视教学需求，即教师完成教学任务和教学目标的需求，以及学生在完成特定内容的学习后，获得较为清晰的知识、技能与方法的需求。具体来说，教师要通过一定的路径和方法满足学生在后续工作和生活中对语文能力和素养的需要，既要为学生提供好用的工具，也要为其搭建未来在相应领域中继续成长和发展的阶梯，这就要求教师在文本解读的过程中不能只满足于一时一篇的解读愉悦，还应帮助学生去掌握和生成可供迁移、拓展和综合应用的知识储备库。

总体而言，无论我们在引导学生进行文本解读的过程中采取何种方法或策略，首先不能忽视的就是文本的体裁特征，其次是在这一过程中落实好语文学科的工具性作用，只有同时兼顾这两者，才能实现语文学科人文性与工具性的统一。从这一点来说，虽然本书关注的是叙事文的解读，但叙事文本身并不是某一类单一的文体。因此，在利用叙事学理论进行文本解读的过程中，自然也不能脱离文本体裁随意使用某一种方法。

第三节　叙事学视角下的文本解读

顾名思义，叙事学（Narratology）是研究叙事文的学科，但其要旨在于对叙事文内在形式的研究。作为一种专门的文学研究与批评的方法，叙事学兴起于20世纪60年代，20世纪上半叶俄国形式主义文学批评以及现代语言学的发展，都对叙事学理论的诞生和发展有着深远影响。

就俄国形式主义文学批评而言，其出发点在于探索文学的本质，以使其区别于其他人文社会科学领域的研究内容，俄国形式主义文学批评家认为，文学的本质并不在其内容，而在其表现形式，这也是"形式主义"一词的由来。虽然俄国形式主义文学批评最初的关注点在诗歌领域，但由于其立论的独到与犀利，很快便拓展到小说领域，并在该领域结出了更丰硕的成果。至20世纪末期，叙事学更是极大地拓展了其研究领域，凡涉及叙事的领域，均有叙事学研究的身影，甚至通过对叙事的独特界定而延伸到表面看来与叙事无关的艺术领域。

叙事学的独到之处究竟何在？这要从其源头俄国形式主义文学批评说起。俄国形式主义文学批评家认为，文学并不是现实世界的简单映像，它的内容与形式也不是两分的，而是有机统一在一起的，也就是说，文学作为一种艺术创作，虽然它的内容从某种角度或在某种程度上反映了现实生活，但它并不是对现实生活的忠实记录，而是通过对特定的内容及其呈现方式的选择来表达某种内涵或意蕴。如果内容是强调说了什么的话，形式就是强调怎么说，俄国形式主义文学批评家认为，这二者是无法截然分开的，脱离了表现形式去研究文学，或仅通过表达内容去研究文学，都是违背文学本质的，正是二者的有机结合，才体现了作品的文学特性。

就当下的语文学科叙事文教学的总体情况而言，受多种因素的影响，比如应试训练的教学要求、课堂教学的模式所限或教师的文学素养等，基于文学本质的文本解读可以说是极其少见的。拿小说文本教学来说，较为普遍的教学模式表面上关注了语文学科的工具性特征，却严重忽视了其人文特质，工具性与人文性的统一自然也无法实现。

举例来说，在中学语文课堂的小说教学中，一般的教学模式是：学生在初读文本后，进行作品创作时代背景及作家基本情况的介绍，再通过对人物形象的概括进行情节分析，最后完成作品主题思想的提炼。表面看来，这一过程没什么不合理的地方，毕竟文学作品的创作背景、作家情况、人物、情节及主题，都是不能忽视的小说文本解读的参照要素。但这一教学过程仅将语言作为思维的工具，而忽视了文学尤其是小说的人文特质。这样的教学模式基本不需要过多深入品味小说表现方式的细微之处，师生阅读时无须调动想象和情感，无须感知文本的组织方式，只需要通过提炼和概括人物语言、动作、心理、外貌或环境、情节等描写，来论证人物的性格特征或作品主题就可以了，文学艺术作品的鉴赏变成了筛选信息和论证观点的实用文本阅读。这种学习方式表面看来能够高效完成教学任务和应试训练，殊不知这种忽视乃至扭曲文学本质的教学方式，不仅无助于提升学生的语文学科核心素养，单从应试的需要来看，也由于其对文学本质的背离，反而会导致学生丧失对文学乃至语言的实质感知能力，可以说是捡了芝麻丢了西瓜。

叙事学视角下的文本解读强调文学内容与形式的统一，在关注说了什么的同时，强调说的方式，因为正是说的方式决定了相似的内容包含完全不同的意蕴，这才是只有文学语言才有的特质，也是我们需要引导学生加以理解和把握的重点。通过这样的学习，学生才可能真正形成对语言的感知、理解和灵活运用，才能真正达成培养学科核心素养的最终目标。

第二章 叙事性文本的结构及其分析方法

第一节 叙事性文本的结构

以文字为载体的叙事性文本有诸多类型，从不同的角度也可以区分为不同种类。从内容真实性的角度，可以区分为纪实性文本与虚构性文本，比较典型的纪实性文本包括新闻报道、报告文学、人物传记、叙事散文等，虚构性文本一般包括小说、戏剧、童话、寓言、神话等，还需提及的两种比较特殊的叙事性文本是民间传说故事和叙事诗。从内容真实性的角度来说，民间传说故事的特点是其内容本身可能是虚构的，但在其产生以及传承的过程中，往往被视作是真实的；叙事诗则既可能是完全虚构的，也可能是对事实的文学化演绎。对作品真实性的预设或预期不同，往往会影响作品的结构设计，而作品的结构反过来又会影响人们对作品的解读。

一般来讲，结构是指各个组成部分的搭配和安排，对叙事性文本来说，其结构要素无非是人、事、物，由于叙事性文本中的"物"往往有特定的、更为具体的事物，因此，"环境"也可以视为叙事性文本的要素。以叙事性文本为研究对象的叙事学，也正是围绕这些结构要素构建了自己的核心概念，进而围绕核心概念展开了深入研究。因此，如果我们要谈叙事性文本的结构，无非是关注文本中人、事、物、环境等结构要素在文本中的地位及其相互关系，其中哪一种要素在文本中占突出地位，则往往会成为文本的突出特征，比如童话、寓言、神话及民间传说故事类文本更强调"事"，即故事，因此，这种类型的文本往往故事性非常强，其吸引人的地方也正在于此，其中的人物往往只是故事的载体。正因如此，俄罗斯民间文艺学家普罗普才能将民间传说故事中的人物类型化，并在此基础上梳理出7种角色和31种功能，将这些故事一网打尽。

不难看出，要想更有针对性地解读叙事性文本，还需要较好地把握叙事性文本的类型，进而在此基础上进行文本解读。而要把握好叙事性文本的类型，上述的类别或体裁是重要的因素，因为不同类别或体裁的文本有其本质性的特征，这些特征当然是不能被忽视的。但如果仅仅只是停留在这些特征层面，往往会流于表面，最后反而使学生难以体会其特色和意蕴。

之所以称为叙事性文本，可见"叙事"在这类文本中的重要性。叙事性文本突出的特征是叙述者按一定的叙述方式将一系列事件传达给读者，因此，"事件"就成了叙事性文本解读的重要内容。但"事件"在不同类型或体裁的作品中，其表现形式往往并不相同，因此，有必要在关注文本类型或体裁的基础上，厘清基于"事件"的作品结构。

在叙事性文本中，除了"事"之外，"人"也有着突出的作用，因为"人"是"事"的载体。如何理解人物在事件中发挥的作用，往往会对正确把握作品结构和相应的主题产生重要的影响。此外，虽然同为叙事性作品，但不同的作品类型或同一类型的不同作品，对"人"和"事"的侧重是有所不同的，就拿小说这一体裁来说，有些作品侧重讲述生动的故事，有些作品则重视人物形象的塑造，这两种类型的作品带给读者的印象或感受会有极大的不同。虽然"人"和"事"交织在一起共同达成作品的创作意图，但两者所处的主次地位和发挥的作用有所不同，这些都需要教师在文本结构分析的过程中予以重视。

从"物"或"环境"的角度来看，我们一般认为叙事性作品不会将这两者作为主导要素，因此也便不会对这两者予以过多关注，更别提将其作为作品结构分析的依托或支点。但凡事皆有特例，如果我们忽视了特例的存在，一般情况的特征也往往会模糊成一片，反而失去了其作为"一般"或"典型"的价值。

比如《羚羊木雕》和《项链》这样的以物为题的作品，或《边城》这样的以环境为题的作品，或虽不以物或环境为题但这类元素在故事中发挥着重要作用的作品，以此为作品结构的支撑来加以分析，我们往往会有不同的发现。

总之，一部作品的文本结构无论是作者的用心建构，还是在行文过程中自然形成的，读者在阅读过程中都会自然而然地意会到，并进而影响其对文本的感知和理解，认真把握这种结构，会有助于我们从整体上解读作品，对培养学生的语文学科核心素养，尤其是思维层面的素养，有着极其重要的作用。

第二节　叙事性文本结构分析的一般原则

从语文教学的角度来说，文本分析的目的是为了更好地理解作品的主题或意蕴，并了解其主题或意蕴的形成机制。对一部作品的理解程度，自然与读者自身的阅历和阅读目的有关，但从教学的角度来讲，在关照学生阅读体验的同时，更重要的是去引导学生较为客观地分析文本，进而在文本解读的过程中培养学科核心素养。也就是说，在教学工作中，阅读体验或阅读快感并不是我们要追求的目标，它更像是一种阅读途径，目的是激励学生更好、更深入地理解文本，进而积累核心知识和能力。

因此，为了更好地理解文本，我们需要先了解文本的基本创作目的，这也是我们首先要区分纪实性文本和虚构性文本的原因。从作品创作的角度来看，纪实性文本虽然在很大程度上也依赖作者的建构与创造，但相对于虚构性文本，作者的自由度要小很多，创作目的也更为明确，因此，就纪实性文本而言，作品的解读空间更小，分析作品的主题及其形成机制也更为容易。虚构性作品则不同，在这类作品的创作过程中，与其说是作者想明确表达主题，不如说是只在文本中隐含了诸多意蕴，这种意蕴越是模糊，作品的内涵就越丰富，解读的空间也越大。

正是由于上述原因，叙事性作品的创作目的才恰恰要通过文本结构呈现出来。相应地，叙事性文本的解读不能只停留于寻章摘句或个性化的读后感，而是要在明确虚实界限的同时，通过结构分析来达到不同的解读层次。以"事"这一结构要素为例，纪实性和虚构性叙事作品都会紧紧围绕事件展开叙述，事件的发生也都会有起因、经过、结果几个部分，人物也会在事件的发展过程中发挥一定的作用，并进而形成某种"形象"。但由于两者的创作目的不同，创作空间也不同，纪实性叙事文本的创作主旨更多的是传递信息，传递关于事件的信息、人物的信息，因此其文本的解读有较强的确定性。在文本分析过程中，并不需要下过多探幽索隐的功夫或寻求特别的意蕴，文本结构的突出作用也更多地表现为"昭示"作品主题，如果主题与结构之间的联系不很明确，则说明读者可能存在过度解读的倾向。

虚构性作品在这方面则有很大不同，仍以事件为例，虚构为作者提供了极大的创作自由度，同时也提供了很大的解读空间，这也是在小说教学中，很多语文教学的研究与实践者建议将常规的"主题"分析转向"意蕴"领悟的原因，正所谓"有一千个读者就有一千个哈姆雷特"，这样的文本解读态度，才是对作品的尊重、对作者的尊重。

明确了虚实之间的界限以及相应的差异之后，就需要重点关注作品的体裁了。创作者对体裁的选取与其创作的意图紧密相关，比如戏剧的突出特点是鲜明的人物形象与现实尖锐的矛盾，抒情诗与叙事诗除了在情绪表达上不同于其他体裁外，两者间也有较大的差异，散文可以说是介于虚实之间的一种文体，往往在真实叙事、抒情或状物的基础上，又意境深远。和之前提到的纪实性作品和小说相似，这些体裁在表情达意倾向上的差异，往往也呈现或隐含在其结构要素中，因此，需要在作品结构分析的基础上，把握好解读的路径和方法，恰到好处地解读文本。

在具体的文本解读过程中，如果我们能够忠实于以上原则，明确不同文本解读的边界，在实践过程中会有更多的发现和领悟。语文作为人文学科，不同于自然科学类学科，它不追求精确，但仍有自己的边界和章法，需要语文教育工作者在文本的解读过程中加以领会和把握。

第三节 中小学语文教材中叙事性文本的结构分析

从现行中小学语文教材中的叙事性文本来看，大体包括以下几种类型：人物传记，叙事散文，小说，童话、寓言、神话和民间传说故事等，本书主要介绍几种在这些体裁的文本结构分析过程中可以采用的概念和方法。

在叙事性文本中，"叙事"在上述几种体裁的作品中都发挥了重要作用。在常规教学中，教师经常用到的是"起因—经过—高潮—结果"的叙事分析模式，在一些故事性强的文本中尤其如此。这一模式的优点是便于把握事件的进程和全貌，但不足也很明显，即过于强调作品内容的分析，容易忽略叙事技巧在其中所发挥的重要作用。简单套用叙事学的语言来讲，即强调了"故事"，而忽略了"话语"。如果只单纯依赖这一模式，就把语文学习变成了故事会，对语文学科素养的培养很不利。因此，我们要在这一基本模式分析的基础上，结合其他分析工具进行分析，便会获得既见森林也见树木的成效，并能体会到森林中"每一片叶子都是不同的"。

所谓叙事性作品，往往要描述事件的产生和发展过程，因为叙事性作品的这一本质特点，时间就成了事件的重要着眼点，因此，叙事学也重点关注了"叙事时间"这一概念，并将其大体区分为时序、时距、频率三个维度。

时序是语文教学中关注较多的概念，包括我们常说的顺叙、倒叙和插叙等，不同的时序，其关注点是不同的，是强调因果关系还是突出强烈反差？是增强矛盾性还是丰富人物形象？这些都是教师们应在教学中仔细品味和认真分析的。

时距是指"故事时长（用秒、分钟、小时、天、月和年来确定）与文本长度（用行、页来测量）之间的关系"①，可以进而细分为概述（叙述时间短于故事时间）、场景（叙述时间基本等于故事时间）、省略（叙述时间为零）和停顿（故事时间为零）。采用不同的时距，作者想要表达的意图显然也是不同的，并且会产生不同的叙事效果，值得大家在文本解读过程中予以关注。比如，我们在常规教学中常说的细节描写，往往就是一种停顿，语言描写则是场景，前者值得细加品味，后者则需要辅以想象来进行场景化的感知；概述和省略则往往是故事的背景部分，其解读方式显然不同于前两者。

频率则是指"一个事件出现在故事中的次数与该

---

① 申丹、王丽亚：《西方叙事学：经典与后经典》，北京大学出版社，2010，第119页。

事件出现在文本中的叙述（或提及）次数之间的关系"①，包括单一叙述（发生了一次，讲述了一次）、重复叙述（发生了一次，讲述了数次）和概括叙述（发生了数次，讲述了一次）。单一叙述较为常见，并没有特别值得关注的叙事效果；重复叙述则不同，往往表现事件对人物所造成的重大影响；概括叙述则常常用于表现人物的生存状况。

除上述三个时间维度的概念外，叙事性文本中的事件还有一个突出的特质——动因，即事件发生、发展的驱动性力量，这一力量可能是困难，也可能是矛盾，围绕这些困难或矛盾，人物会采取不同的行动，不同的人物间也会产生一系列互动，进而彰显出人物特质、人物关系乃至人物所处的生存环境。这一层面的内容将在后文介绍情节概念时展开具体分析，在此不再赘述。

与事件动因层面相关的是人物的类型。在不同的作品中，人物所呈现出来的特点或发挥的作用是不同的，有一些叙事学研究者据此形成了两种理论观：功能性人物观和心理性人物观（也称人物行动论和人物特性论，具体内容见后文）。

简单来说，功能性人物观强调人物在事件发展过

---

① 申丹、王丽亚：《西方叙事学：经典与后经典》，北京大学出版社，2010，第124页。

程中所发挥的作用或功能，从普罗普的研究拓展开去，我们不难发现，童话、寓言、神话和民间传说故事中的人物往往是功能性人物，这些人物往往有突出的品性特征，正是这样的品性特征推动了情节的发展，人物也因之表现出特定的角色功能，比如破坏者、帮助者或信使等，进而使文本呈现突出的、较为单一的主题，实现特定的宣传或教化功能。

　　心理性人物观更强调人物自身的复杂性，人物所表现出来的往往不是某种单纯的品性，而是较为复杂的性格或心理，这种复杂性一般会通过不同事件或在事件的不同发展阶段呈现出来。大体而言，人物传记、叙事散文或小说中的人物通常会呈现出心理性人物的特点，其具体特征则需要我们综合文本的具体内容及其表现形式去分析和理解。通过这种方式，我们可能会看到某种典型的人物形象，但这种典型性人物与功能性人物中的类型化人物相比，已经丰富和深厚了许多，至于那些淡化情节的意识流或心理小说中所呈现出来的人物形象，其复杂性与之相比则更进一步。

　　与事件和人物高度相关的叙事学概念是视角，采用不同的叙述视角，往往会有不同的叙事效果，值得读者去细细领会，本书将在后文结合案例对此进行具体介绍。

　　除事件和人物外，环境也是叙事学的重要关注点，在叙事学的话语体系中，环境有时也被表述为叙事空间或故事空间。叙事学学者胡亚敏认为："环境包含三大要素：自然现象、社会背景、物质产品。"[①]这三者与其说是"要素"，不如说是"类型"，因为在不同的作品中，这三者并非都不可或缺。胡亚敏又从环境在作品中所占地位与对应情节所处地位相比，将环境区分为支配与从属、清晰与模糊、静态与动态三种样式。这种区分也提示了我们对作品中的环境描写所应采取的态度，比如从属地位的环境描写一般不应成为我们教学中的重点，而模糊的环境描写则提示我们文章作者想要表述的主题富有更广大的意涵，动态的环境描写往往暗示了人物性格及命运或事件发展的变迁。对不同的环境表现方式采取不同的解读立场和态度，对提高我们的教学效率、提高学生的文学鉴赏与审美能力都是有着重要意义的。

从环境在叙事中所发挥的不同功用，胡亚敏还将环境区分为象征、中立和反讽三种类型，她认为这三种类型的叙事方式及其所营造的氛围是有较大差异的，具体分析见后文章节。

[①] 胡亚敏：《叙事学》，华中师范大学出版社，2004，第159页。

第三章 叙事学的核心概念

解读叙事性文本，一般的解读方法通常是关注文本具体写了什么（内容），是怎么写的（形式），从这个角度来看，叙事学更重视对后者的研究。具体来说，叙事学关注的是叙事文本的结构规律，其研究对象则是事件的表达方式。随着叙事学的不断发展，除情节这种组织方式外，叙事性文本中的人物和环境也开始逐渐进入叙事学的研究视野。

叙事学学者认为，任意一个相对完整的叙事性文本中，都包含着故事层与话语层两个层面。通俗地说，故事层就是通过情节、人物、背景等呈现出来的故事内容，话语层就是这样的故事内容是通过什么样的方式表述出来的。相对来说，话语层是叙事学学者更为关注的部分，为了更为精细、准确地描述和分析这些表述方式，一些叙事学学者借用或创造了一系列概念，比如情节、视角、叙事时间等。有学者将叙事学的研究对象简要概括为关于叙事文内容的形式和表达的形式。①美国叙事学学者西摩·查特曼指出，叙事理论的目标是通过建立最小叙事要素来探讨关于"像叙事这样的结构以何种方式组织其自身"②。到目前为止，叙事学作为一种研究叙事作品的理论和方法，已形成比较庞大的概念体系。在本部分内容中，将从中小学叙事文解读的需要出发，选取一些较为常用的概念，结合文本范例，加以详细介绍。

第一节　情节

在西方，关于情节的理论渊源可追溯到亚里士多德（旧译亚理斯多德）的《诗学》一书，该书中指出"所谓'情节'，指事件的安排"③。情节的主要成分是突转与发现。突转是指行动按照一定的因果或有机联系原则转向相反的方向（如由顺境转向逆境或由逆境转向顺境）；发现是指从不知到知的转变。发现与突转同时出现是最好的"发现"。亚里士多德认为用上述原则安排事件能够达到较好的悲剧效果，因此，他将情节看作是悲剧中最重要的成分。西方的小说创作实践及

---

① 　胡亚敏：《叙事学》，华中师范大学出版社，2004，第13页。
② 　西摩·查特曼：《故事与话语：小说和电影的叙事结构》，徐强译，中国人民大学出版社，2013，第5页。
③ 　亚理斯多德，贺拉斯：《诗学·诗艺》，罗念生、杨周翰译，人民文学出版社，1962，第20页。

小说理论进一步发展了亚里士多德的情节组织原则，注重利用事件安排及人物关系来制造戏剧冲突，进而强调事件安排与作品主题之间的有机联系。到了20世纪，如何对事件进行筛选、建构情节已经成为一个普遍受关注的小说艺术问题。

情节在叙事学中是重要的核心概念，叙事学对情节的探讨既包括对情节的微观分析，也包括对情节结构的中观分析和对情节类型的宏观概括。叙事学对情节的探讨，有助于人们更清晰地认识和解释叙事作品的叙事机制，进而可以从不同层面和角度进行文本解读。

一、事件

情节是对事件的安排，那么什么是事件？简单来说，事件就是发生的事情。但叙事学学者并不满足于对事件如此定义，而是进一步去探索从叙事意义上讲什么是事件。有研究者认为，事件就是行动或状态的改变。早在20世纪20年代，夏丏尊先生在《文章作法》中就曾指出，比较"牵牛花有红的，紫的，颜色虽很美观，但少实用"与"院里的牵牛花，红的，紫的，都很鲜艳地开了"[①]这两句话，后一句中表示牵牛花的状态由未开到开放的变化，因此具有叙事性。由

---

① 夏丏尊、刘薰宇：《文章作法》，中华书局，2013，第24页。

此可见，事件中的核心要素是状态的变化或改变。

里蒙-凯南概括了美国叙事学学者杰拉德·普林斯对最基本故事的定义："最基本故事由三个相互联系的事件组成。第一和第三事件是静态的，第二事件是动态的。进一步讲，第三事件是第一事件的反面。最后，这三个事件是由某些连接性特征按以下方式连接起来：(a) 第一事件在时间上先于第二事件，第二事件又先于第三事件，(b) 第二事件是第三事件的起因。"[1]比如小明学习成绩很不错，后来沉迷网络游戏，成绩变差了。普林斯认为这是故事的最基本结构。现行中小学语文教材中很多叙事作品中的事件都呈现了这样的结构，比如教育部组织编写的《语文》七年级上册中《走一步，再走一步》一文，文中首先写"我"胆子小，不敢冒险；接着写"我"登上悬崖，不敢下来，在爸爸的帮助下，"我"克服了恐惧心理，成功走下悬崖；最后，"我"获得了成就感。由胆小到自信，"我"的状态因为登悬崖而发生了根本性的改变，这就是最基本的故事结构。在这一结构中，事件的组织包括三条原则，一是时间顺序，二是因果关系，三是逆转。除了时间和因果关系之外，叙事学学者们特别关注事态的转变，如从幸福到不幸，从贫穷到富足，

---

[1] 里蒙-凯南：《叙事虚构作品》，姚锦清等译，生活·读书·新知三联书店，1989，第32页。

从厌恶到感激,等等。因此,从叙事学视角来看,事件可以看作是从一种事态到另一种事态的转变。

事件还可以细分为两大类,由于新的选择出现而推动了情节发展的事件称为核心事件;详述、维持或延缓原有情节的事件称为从属事件。如《走一步,再走一步》中有人建议去爬悬崖时,"我"面临爬或不爬这样的选择,能够推动情节的发展,因此,这属于核心事件。有些背景信息的介绍并不提供新的选择,而是呈现人物的某种状态,比如文中介绍"我"渴望像其他孩子一样勇敢,但由于自己长时间生病,妈妈警告"我"要牢记不能像其他孩子那样冒险,这些信息从属于核心事件,因此,属于从属事件。区分核心事件与从属事件,有助于从阅读中快速地把握故事情节发展的脉络。

叙事学学者对基本叙事单位——事件的微观分析,继承了亚里士多德情节观中的突转与发现等成分,进而探索事件变化、转变的要素,区分核心事件与从属事件的相互关系,这是叙事学研究者对叙事本质认识的飞跃。

二、情节结构

故事中的一系列事件构成了情节。有些叙事学学者试图采用尽可能科学的研究方法,从语义层面探索叙事性作品情节最基本的结构规律。在这方面做出理论贡献的有三位代表人物，他们是俄国的弗拉基米尔·雅可夫列维奇·普罗普、法国的克洛德·布雷蒙和A．J．格雷马斯。

俄国的弗拉基米尔·雅可夫列维奇·普罗普在《故事形态学》一书中，仔细分析了俄罗斯民间传说故事，发现这些故事虽然内容各不相同，情节结构却存在许多相似之处。例如，这些故事大都从主人公遭遇不幸或缺少某种东西开始，故事发展过程中通常会因为某些条件制约而遭遇种种障碍，主人公最终都会在某种力量的帮助下战胜困难，赢得最后的胜利。

法国克洛德·布雷蒙的研究与普罗普的这种分析模式具有相似性。布雷蒙认为，叙事作品的初始情景往往是主人公面临某个问题或困境，由此触发了故事发展的两种可能性，或是试图解决问题、打破困境，或是问题无从解决，主人公陷入僵局。这种分析范式强调的是故事表层的逻辑发展。

法国另一位研究者A．J．格雷马斯，则从故事的深层结构入手来分析情节要素之间的逻辑关系。这一分析模式的独特之处在于其以二元对立为核心结构，突出了事件中两种力量的相互对立或对应关系，进而揭示出情节的深层结构，如《白雪公主》一文中白雪公主的美丽善良与后母的丑陋邪恶相对立，这也是童话故事的典型结构。情节中的对立冲突关系往往是多重的，如《西游记》中，除占主导地位的胜与败的冲突外，还有诸如是与非、真与假、善与恶等多种对立关系。

俄国的普罗普、法国的布雷蒙和格雷马斯都注重在语义层面探索情节结构的共同组织规律，他们的研究成果有助于人们跳出通过具体故事探索意义的认知局限，通过把握故事的共同结构组织规律，来探讨故事的情节结构与意义的关系，这种分析模式及分析方法，对开拓中小学叙事性作品的解读视角具有重要意义。

三、情节类型

上文我们从微观角度及中观层面，分别对叙事学视角下的情节结构进行了简要说明。接下来，我们将从宏观角度来探讨情节的几种基本类型。情节类型研究是一种演绎研究，它将从部分作品分析中获得的模型，尝试应用到不同的叙事作品研究中去。下文所列举的情节类型，参照了我国叙事学研究者胡亚敏所著《叙事学》一书中所阐述的部分概念，并在此基础上结合中小学语文教材中叙事文本的具体情况，进行了一定的调整。

1. 发现型。

这是一种逐步揭示或证实事件真相的情节类型，它体现为不断追求、寻找的模式，具有认知的特征。最常见的模式是从不知到知的"发现"，主人公对人或物由最初的不知道、不了解、不理解转变为知道、了解、理解的过程。教材中的典型文本包括《背影》《阿长与〈山海经〉》《丑小鸭》《秋天的怀念》等。

《背影》不单写父爱，更主要的是写出了晚辈与父辈之间由不理解到理解、由矛盾到和解的过程。这一过程在亲密关系中很容易被忽略，古今中外的文学作品中对亲情、友情的高度颂扬尤其助长了这种倾向，但恰恰是对这种亲密关系复杂性的认知，使作品主题更具普遍性及深刻性。

《阿长与〈山海经〉》也是同样的结构。很多研究者将这篇文章的写作特点归为先抑后扬，这样的结论既经不起推敲，又掩盖了文本本身所隐含的深意。《阿长与〈山海经〉》大体的情节结构是小时候"我"对阿长的种种行为比较嫌恶，后来，阿长给"我"买来我渴慕的《山海经》，改变了"我"对阿长的态度。"我"的态度由不以为然到觉得她伟大，而且充满神力。如果文章到此结束，则表达的是作者感受到了阿长对自己的爱，但这篇文章的复杂性在于没有就此结束，而是接着又以成人的视角回看这段经历，进而感悟阿长给"我"买《山海经》对"我"一生的影响，同时也对阿长的思想感情、处事方式及身世形成了一种更为深刻的理解，转而认识到阿长身上具有淳朴又美好的本性。正因如此，作者的情感与认知得以升华，凝聚成深沉的祈祷："仁厚黑暗的地母呵，愿在你怀里永安她的魂灵！"这一系列情节即是一种典型的"发现"，体现出作者在认知层面上的改变。如果我们能够在教学中借助这样的模型来引导学生理解文章的主题，既能帮助学生更好地理解文本，也能使之对个人生活的某一层面形成更为深刻的认知与感悟，进而在叙事文写作中写出真正的深层意义。

《丑小鸭》一文中，作者记述了一只由不知自己是谁到最后知道自己身份的丑小鸭的自我认识之路。起初，丑小鸭不知道自己站在什么地方，要到什么地方去才好，但是它努力寻找，不放弃自我追求，没有被周围恶劣的环境吓倒，经历了千辛万苦，最终发现了真实的自己。它的坚守与追求，让它获得了比自然而然变美的天鹅又多了一些更美的东西，这就是丑小鸭带给我们的启发。《丑小鸭》常被理解为经历苦难才能获得成功或逆境成才的主题，这样理解也并没有错，但还不够全面和深入，既然丑小鸭本来就是天鹅，为什么还要经历那么多苦难才成为天鹅？这个问题表明文本与逆境成才的主题是有矛盾的，而以发现型情节为抓手来解读，就有助于解决这一问题。

2.转化型。

转化型情节是指情节由一种情境转变为相应或相反的另一种情境，它显示了情节在语义上的发展变化。这一类型情节的常见模式有两种，一是问题解决（或目的实现）模式，一是矛盾转化模式。

（1）问题解决模式。

主人公遇到某种困难，通过某种方法或策略，解决了困难。这就是问题解决的基本模式。需要重点指出的是，在这样的文本中，解决问题的过程中所采用的方法或策略背后，往往蕴含着与人生观、价值观及世界观相关的因素。因此，问题解决的过程一般具有深刻的反思意义。不难看出，这种解读模式可以更好地为学生提供情感、态度、价值观层面的指引。

下面以统编教材《语文》一年级上册中《乌鸦喝水》一文为例，来详细说明借助问题解决模式为文本解读提供的新视角。

一只乌鸦口渴了，到处找水喝。乌鸦看见一个瓶子，瓶子里有水。但是，瓶子里水不多，瓶口又小，乌鸦喝不着水。怎么办呢？

乌鸦看见旁边有许多小石子，想出办法来了。

乌鸦把小石子一颗一颗地放进瓶子里。瓶子里的水渐渐升高，乌鸦就喝着水了。

不难看出，这样一个表面看来很普通的故事，其实包含着问题解决模式的情节结构。首先，乌鸦遇到的问题是口渴，想喝水却喝不着；然后，乌鸦通过想出把石子放进瓶子里的办法解决了问题；最后，乌鸦喝着水了，问题解决。运用问题解决模式来分析，这则寓言就具备了世界观层面的意义，如在遇到困难的时候要多观察、多思考，通过自己的努力来解决问题。在常规的教学中，教师一般会用事件发展顺序来带领学生梳理文章，进而得出乌鸦聪明能想办法的结论。如果教师能够（潜在地）利用问题解决模式带领学生阅读和理解文本，事件每个部分的关注点将更为清楚。不难看出，问题解决模式能够帮助师生突破表面，深入文本内部把握事件和建立不同事件之间的联系，进而将事件意义与行动主体建立联系，其教育价值和意义则不言而喻。

小学高年级及初中阶段，教材中所选的大部分叙事文要比《乌鸦喝水》更为复杂，这种复杂性可能表现在面临的问题上，比如这些问题可能是分歧、矛盾乃至冲突，甚至可能是生死困境；也可能表现在解决问题的方式上，比如出现了帮助者，或者从外在的具体行动变为内在的主观努力，也可能二者兼而有之。在这种情况下，当主人公解决了问题后，除突破客观困境外，自己也会在思维方式或人格、品性上完成转变，进而取得精神方面的成长。前文提到的《走一步，再走一步》即为典型的问题解决模式：主人公"我"面临的问题是身体瘦弱，不敢冒险，内心想变得勇敢，因此选择跟伙伴们爬悬崖，却卡在悬崖的三分之二处不敢下来。解决的方法是父亲指导"我"只想接下来的这一步，先迈出一小步，再一小步……在父亲的指导下,"我"安全地从悬崖上下来,体验到成功后的成就感。

不难看出,这一分析框架能使学生更容易感知到文本的主题意义,即不要被远方的困难吓倒,着眼于面前的一小步,走了这一步,再走下一步,直到抵达自己所要到达的目标,而在这样的过程中,自己也会获得自信、走向成功。

问题解决模式在《爸爸的花儿落了》一文中呈现得更为复杂。一些教师在教学的时候关注到了文本的插叙写法,而如果能够透过插叙来厘清故事背后的叙事模式,将会有更大的收获。文中写了"我"自上小学直到毕业这段时间发生的和爸爸有关的四件事:第一件是一年级的迟到事件,第二件是爸爸让"我"到银行给在日本读书的陈叔叔寄钱,第三件是"我"在毕业典礼上代表毕业生发言而爸爸生病不能来现场观看,第四件是毕业典礼结束后得知爸爸去世。这四件事,每一件都是一个问题解决结构,而解决的方法,概而言之,都是主人公在爸爸的教育、引导甚至强制下,在困难面前硬着头皮闯过去。通过这样的经历,主人公领悟到的是一种勇敢进取的人生态度,实现了精神的成长,这也是本文表达成长主题的重要意义所在。如果教师不能引导学生发现这样的情节结构,进而从整体上来理解其中的意义,学生从中所获得的成长教育便很可能是肤浅的、口号式的乃至苍白无力的。

阅读如此，写作亦然。在写作教学中，教师们往往苦于学生在叙述自己成长经历时的认识流于浮浅，但如果教师能够以情节结构分析来引领文本解读，便能引领学生既会谋篇布局，也能言之有物。

（2）矛盾转化模式。

这是一种由最初的对抗关系，通过主人公的努力，最终使尖锐的矛盾或冲突实现转化的情节结构。它的突出特点是深层次的二元对立。

统编教材《语文》七年级上册中的《植树的牧羊人》一文，便体现了这样的结构。《植树的牧羊人》大体的故事情节为在人与恶劣自然环境的矛盾冲突中，牧羊人凭借个人力量，将荒原变成沃土，将废墟变成充满生机的村庄。运用这样的结构分析，我们才会发现主人公解决这一冲突时所用的方法看似简单实则伟大。简单在于牧羊人只是在地上戳了一个坑，放一颗橡子，再盖上泥土——只是最简单的种树而已；伟大则在于牧羊人日复一日、年复一年地坚持这样做，种下了十几万、几十万乃至上百万棵橡树，甚至战争期间也如此。看似微不足道的努力，但由于主人公的坚持，最终化解了原本极为尖锐、难以解决的矛盾，这种结构分析能够将文本中如涓涓细流一样的力量挖掘出来，让读者感受到震撼，并从中汲取生活的启示。

统编教材《语文》七年级上册中蒲松龄的《狼》

这篇文言小说，矛盾转化的结构更加精巧。一开篇，读者就能体会到屠夫与狼之间的紧张冲突。主要冲突表现为天色已晚、担中无肉，两狼"缀行甚远"，暗示狼想吃屠夫的野心，人与狼的矛盾冲突极为尖锐，屠夫十分恐惧，表明屠夫处在极端劣势的状态。为了摆脱困境，主人公不断努力，积极思考对策。主人公屠夫扔给狼一块骨头，但两狼依旧紧紧跟随，和狼妥协的方法失效。屠夫内心的恐慌达到了极点，为摆脱窘境，他想到了应对的办法，他看到野地里有麦垛，便放下担子，背靠麦垛，手持屠刀，利用地形之便，拿起武器做最后斗争。狼不敢上前，瞪眼看着屠夫，人与狼相互对峙，当狼好像闭上眼睛时，屠夫猛地起身，几刀就把狼杀死了。屠夫刚要走，转头发现麦垛后另一只狼正在那里打洞，便果断将其击毙，转危为安，摆脱了困境。之后，屠夫才猛然意识到前一匹狼闭上眼睛，神态悠闲，原来是为了配合另一只狼从后面袭击屠夫。人与狼的冲突由身体层面上升到智力层面，进一步显示出矛盾转化的艰难过程。

从上述分析不难看出，矛盾转化的情节结构，为深入理解作品的写法和意蕴提供了新的方法和路径。对学生来说，既是理解作品的新角度，也有助于在更为深入理解作品的同时提升思维水平，深化对自我及世界的认识。"叙事文中所蕴藏的矛盾也为读者提供了思辨的机会，读者的思维将在阅读过程中得到训练。

从更广阔的意义上讲,叙事文中的矛盾也是人类所处的尴尬境遇的隐喻,认识叙事文中的矛盾将有助于认识人自身。"①

---

① 胡亚敏:《叙事学》,华中师范大学出版社,2004,第242–243页。

第二节 人物

人物是叙事性作品中的要素，情节与人物密切关联、相互依存，但在不同的叙事作品中，情节和人物的地位和作用是不同的，即有些叙事作品是事件占主导地位，有些叙事作品是人物占主导地位，前者可以称为情节型叙事作品，后者称为人物型叙事作品。[①] 情节型叙事作品注重情节建构，关注的是人物"做什么"，以情节发展来呈现主题，人物是情节的载体；人物型叙事作品重视人物形象的塑造，关注人物"是什么"，以人物特征来呈现主题，情节是塑造人物的手段。

叙事学有多种人物理论，也因此形成了不同的人物概念与研究角度，对认识人物也有不同的启发。了解叙事学人物论有助于丰富解读人物的方法，拓展理解人物的广度和深度，进而深化对叙事作品的理解，提升文本的解读能力。

叙事学视角下的主要人物理论包括人物行动论和人物特性论，前者适用于分析以情节为中心的作品，即情节型作品；后者适用于分析以人物为中心的作

---

① 王荣珍：《分文本类型，借结构分析把握小说特点——初中语文统编教材小说教学新探》，《中学语文》2020年第2期。

品，即人物型作品。下面结合中小学语文教材中的叙事性作品，分别介绍并尝试运用这两种理论进行文本分析，以揭示其在叙事文教学中的应用价值和策略。

一、人物行动论

在情节型叙事作品中，人物是动作的执行者，在情节的框架中行动，分析人物时主要依据人物的行动说明人物的特征，或者说，依据"人物做什么"来描述人物属性和划分人物类型。

前文我们介绍了叙事学对情节结构的相关研究，情节也是人物活动的舞台。下面以法国叙事学学者A.J.格雷马斯所概括的情节结构为例，来考察在此情节结构中如何描述人物属性以及划分人物类型。格雷马斯将情节结构概括为主人公为了达成愿望与目的而进行的努力。在目的实现（或未实现）的过程中，促进主人公达成愿望的被称为辅助者，阻碍主人公达成目的的被称为反对者。按照这一理论，可以将表面看来不同的故事归纳为同类故事，不同人物因其类似的行动也可归为同类人物。

下面结合中小学语文教材中的课文，具体分析一下成长型故事中人物的特点。尽管不同故事中的人物、地点、时间各有不同，却总是由相似的几类人物构成。如《走一步，再走一步》一文中，主人公（"我"）、目的（想跟伙伴们爬悬崖，甩掉胆小鬼的帽子，变得勇敢)、辅助者（父亲，当"我"因恐惧在悬崖上下不来时，父亲帮助我顺利走下悬崖，让"我"体会到了成就感）；又如《唯一的听众》一文，主人公（"我"）、目的（想拉好小提琴）、反对者（妹妹和父亲，嫌"我"拉得不好听）、辅助者（老人，实际上是一位音乐学院的老教授，用欣赏与陪伴的方式帮助"我"提高了拉琴水平进而获得自信）；《爸爸的花儿落了》中，主人公（"我"——小英子）、目的（上学和生活中遇到的麻烦或困难需要克服）、辅助者（爸爸引导小英子用硬着头皮闯过去的方式来克服困难、解决麻烦）。

  从人物的角度来看成长型故事，主人公多为未成年人，在某些能力或精神方面需要提升与支持，不管是文中的父亲还是老教授，这些人物都对主人公实现目的起到辅助作用，帮助主人公实现目标，促进了他们的成长。当然，成长型故事中的主人公也不一定仅是青少年，如《西游记》中的主人公是唐僧师徒四人，他们各自都在取经路上获得了成长。

  简单来说，人物行动论主要根据人物在情节框架中的行动方式，将人物抽象概括为主人公、反对者、辅助者等几种基本类型。情节型叙事作品更突出人物在情节框架中的行动，因此，从命名上往往就能判断是否为情节型作品。情节型叙事作品常以与情节密切相关的情境、线索或重点情节为题，如《散步》《斑羚飞渡》《走一步，再走一步》《唯一的听众》《智取生辰纲》等。当然，在情节型叙事作品中，有时也包含对人物形象的细致刻画，人物型叙事作品有时也会通过行动来表现人物的品质或特点，因此，两者并不总是泾渭分明。

相对于人物行动论，人物特性论的研究更为丰富和充分，应该说这也和小说研究的传统有关。

二、人物特性论

在人物型叙事作品中，人物处于主导地位，行动则只是人物特性的表现，这种特性即是人物的表现原则。也就是说，人物的特性是一个框架，同一特性可以由不同事件表现出来，但事件都是为表现特性服务的。如果说情节型叙事作品中人物在情节的框架中行动，那么在人物型叙事作品中，人物则在特性的框架中行动。

1. 特性论视角下的"人物"概念。

叙事性作品中的人物是什么？美国叙事学学者西摩·查特曼认为，人物是特性的聚合，特性是相对稳定而持久的个人品性。[①]如"鲁智深是个疾恶如仇的人""林黛玉是个多愁善感的人"，"疾恶如仇""多愁善感"是人物品质和性情的不同方面，但说的都

---

① 西摩·查特曼：《故事与话语：小说和电影的叙事结构》，徐强译，中国人民大学出版社，2013，第110页。

是人物的特性。西摩·查特曼还将人物与特性的关系用如下公式加以表示：C=Tn。其中，C表示人物（Character），T表示特性（Trait），n表示至少是一种以上特性的聚合，同时又表示人物的特性是开放的。一方面，随着阅读的深入，人物更多的特性被发现和补充；另一方面，随着理解的深入，对人物特性的表述会日益精确。查特曼具体指出了特性与事件的区别联系。事件是按时间逻辑组织的，在文本中有固定的位置。特性不受时间限制，在文本中是一种整体共存。尤其在以人物为中心的叙事类作品中，特性与事件的关联在于人物特性是一个框架，文本的各个方面包括事件都围绕人物特性展开，特性可以被看作不同事件链条交叉形成的集合体。阅读中我们常常通过梳理事件或情节，推断出人物的特性，或从不同事件中解读出同类特性。相对于事件来说，特性是比较稳定和持久的。

叙事学学者里蒙-凯南的观点与此类似，她认为，人物是读者以对人的一般观念为基础，通过文本中的符号提炼、聚合出来的。可见这种观点是得到叙事学学者们普遍认同的。

2. 人物特性聚合的内在机制。

叙事学学者们探索了人物的特性怎样被聚合的内在机制，梳理出人物特性聚合的基本原则和方法，涉及细节语义特征和整体情节结构各方面，对阅读和写作教学中如何综合理解和把握人物有一定的指导和借鉴作用。

(1) 重复、相似、对照和暗指。

里蒙-凯南将人物特性聚合的基本原则归纳为重复、相似、对照和暗指。① 相同行为的重复可以视为人物性格特征；不同场合行为的相似也可以归纳为某种性格特征；对照指的是从人物不同的、矛盾的行为中概括出人物的性格特征；暗指则是指由人物的生理特征推断出人物的心理特征，如由人物总啃手指甲推断出人物的神经质特征。此外，暗指还包括由人物的一组心理特征推断出人物进一步的心理特征，以及由人物的一组心理特征和一组生理特征推断出人物的另一个心理特征等。例如，在《绿山墙的安妮》一文中，安妮对别人取笑她的红头发十分在意，由此引发与林德太太和吉尔伯特的矛盾，并导致染发失败的闹剧，由此可以推断安妮的个性特征为有一定虚荣心、不太自信、自我认识不够成熟等。

(2) 重复、积累、关系、转变。

叙事学学者米克·巴尔归纳出综合把握人物的四个原则为重复、积累、关系和转变。② 第一个原则是重

---

① 里蒙-凯南：《叙事虚构作品》，姚锦清等译，生活·读书·新知三联书店，1989，第71页。
② 米克·巴尔：《叙述学：叙事理论导论》（第三版），谭君强译，北京师范大学出版社，2015，第119-120页。

复，指的是关注文本中各种信息对相关特点的重复提示。在文本叙述过程中，相关的特征以不同的方式经常重复，因而表现得越来越清晰。举例来说，在《绿山墙的安妮》一文中，安妮一出场，读者就被不停地告知她是一个富有想象力的孩子，如安妮坐马车去绿山墙的路上，她想象睡在户外就像住在大理石的厅堂里，她为所有独特的风景起名字；安妮给一贯严厉的玛丽拉带来的影响——她露出了难得的笑容；马修也认为安妮奔放的想象力说明她很有趣。这些特征综合起来，使读者对安妮富于想象力的特点有了整体的认识。

第二个原则是积累，即各种特征累积起来互相完善、相互补充，形成一个整体的人物形象。在《绿山墙的安妮》中，最初，读者感受到的是一个爱说话的、富有想象力的女孩；接着，读者了解到安妮虽然身世悲惨，但仍保持着积极乐观的生活态度；随着阅读的深入，读者还会了解到安妮还有小小的虚荣心以及因想象力过于丰富而产生的一些不合实际的想法等小缺点……这些事实合在一起，共同传达出人物的整体面貌。因此，积累在形象建构的过程中起着重要作用。

第三个原则是关注人物与其他人物的关系。在《绿山墙的安妮》中，从安妮与马修兄妹、安妮与她的朋友戴安娜以及安妮与林德太太等人的关系中，就能够看出安妮的性格特点。

第四个原则是转变，也就是人物在故事发展过程中是有变化的。根据人物是否发生转变这一原则，可以对人物进行分类。最著名的理论是福斯特的扁平人物与圆形人物的分类。扁平人物只有一两个很容易辨识的特征，而且不会改变。如《绿山墙的安妮》中马修在女人面前特别害羞，但同时又特别善良，这是他的典型特征，并且这个特征自始至终没有发生变化。圆形人物则比较复杂，而且会随着故事的进展而变化。如安妮由初来绿山墙时的率真、经常因冲动而犯错的小女孩，转变为既有积极乐观精神又更加理性、稳重的成熟少女，"安妮"也因此成为表现积极向上主题的儿童成长小说中的典型人物形象。当然，人物的转变也不一定都是朝着理想、美好的方向转变，也有相反的转变。如《骆驼祥子》中的祥子，从梦想拉上自己的车，自立、自强、上进的人，转变为一个得过且过、满身恶习的堕落的人，其命运的转变所引发的思考正是小说所要表现的主题。

在文本中，人物的转变可以有两种情节发展方式，一种是祥子、安妮式的人物转变，就是通过故事中发生的事件改变人物，让人物变得更复杂；另一种是文本提供人物的新信息，让读者改变对人物的看法或更深入地认识该人物。如在鲁迅的《阿长与〈山海经〉》中，最初读者看到的是喜欢议论别人、睡相不好、有很多烦琐规矩的阿长，接着作者向读者展示更多信息，通过阿长给"我"买来"我"渴慕已久但求之不得的《山海经》这一事件，读者改变了对阿长原有的印象，看到阿长粗鄙中也有细心的一面，关爱"我"，满足"我"的需求，粗鄙中有她的淳朴与善良。到文章的最后，作者再次呈现出更多的信息，包括阿长是一个从年轻时候就守寡的孤孀，有一个过继的儿子。这些信息的增加让读者看到了阿长的底色，意识到阿长作为一个底层的农村妇女的命运，由此进一步理解作者何以对保姆阿长报有如此怀念与赞美之情。在作者看来，在悲惨命运之下，人物自然而然散发出的淳朴善良的本性带给人温暖与力量，闪烁着人性的光芒。

重复、积累、与其他人物的关系、人物转变，这四个原则常常共同作用，以构建人物形象。反过来，在阅读中，通过在推测与证实之间辩证往复，最终形成对人物形象的整体把握。

中小学语文教材中人物型叙事作品如《变色龙》《孔乙己》《穷人》《秋天的怀念》《阿长与〈山海经〉》《老王》《骆驼祥子》等，都是以人物为中心，通过人物形象来表达作品主题。以上所介绍的叙事性文本如何聚合人物特征、整体呈现人物特性的基本原则，对教师开展教学及引导学生理解文本都有具体的参考价值。

(3) 直接形容和间接表现。

故事中的人物是一个构造，但人物的特性并不是原封不动出现在文本中的，而是需要由读者根据散布在文本中的各个特征推断而成的。在阅读中，读者根据哪些文字，怎样将分布在整个文本框架中的人物特征汇集起来，最终形成对人物特性的总体把握呢？在中小学叙事性作品教学中，教师常用的方法是引导学生关注文本中人物的语言、动作、心理、神态或外貌描写来推断、归纳分析人物的特征。叙事学学者们对此也有专门的理论，从直接形容与间接表现等方面探讨人物特性聚合的方式。里蒙-凯南就借用埃温的概括方法，认为要把握人物特性，需要关注文本中两种基本的人物刻画方式，一是直接形容，一是间接表现。①事实上，这两种策略也是师生们在日常教学中经常应用的，但通常我们并没有从叙事学的角度去理解它们。

①直接形容。

直接形容指的是文本中用特定的词把人物的特性直接说出来，一般用形容词、抽象名词、比喻用法等。如魏巍在《我的老师》中用"温柔和美丽"直接将老师蔡芸芝的人物特性表现出来；朱德在《回忆我的母

---

① 里蒙-凯南：《叙事虚构作品》，姚锦清等译，生活·读书·新知三联书店，1989，第107页。

亲》中用"好劳动"这个特征来概括母亲勤劳的品性；老舍在《骆驼祥子》中，用"他确乎有点像一棵树"来比喻祥子健壮、沉默又有生气的性格特点。

②间接表现。

间接表现指的是不直接指出人物性格的某一特点，而是用各种手法展示或运用事例暗示出特征，让读者自己去推测其中隐含的性格。具体手法包括人物的行动、语言、外表、环境的描写以及通过人物关系来映衬人物性格。

下面以统编教材《语文》六年级上册中托尔斯泰的《穷人》一文为例，具体谈谈如何通过人物的行动、语言、外表、环境的描写来推测人物的性格特征。

首先，通过人物的行动推测人物的特点。桑娜前去探望生病的邻居，描写了她三次敲门的动作。最初她一边想一边敲门，并且侧着耳朵听有没有人答应。发现没有人答应后，她一次又一次地敲门，最后她猛地推开门。不难看出，桑娜敲门的动作逐渐加重，从敲门的反应中她已经意识到事情不妙，情况严重。然而她毫不回避，毅然推门而入，这突出反映了桑娜心地善良，真诚关爱邻居，通过敲门的动作，突出表现了桑娜淳朴的内心。

其次，语言描写表现人物的内心。桑娜最终将邻居西蒙去世的消息告诉丈夫后，渔夫说："嗯，你看怎么办？得把他们抱来，同死人待在一起怎么行！

哦，我们，我们总能熬过去的！快去！别等他们醒来。"——憨厚朴实的渔夫跟桑娜具有相同的内心，他们纯洁、善良，关爱他人。一个"熬"字，表明了不遗余力收养孤儿的决心，渔夫的话显示出他直爽、乐于助人的品质。

再次，通过人物外貌或神态描写，显示人物的内在气质及个性特征。桑娜自作主张把邻居的孩子抱回来后，文中用"脸色苍白、神情激动"这一神态描写来表现桑娜内心的忐忑不安。作为母亲，她可怜这两个孩子；作为邻居，她有责任关心照顾孩子。然而，面对自己的五个孩子，想想生死未卜的丈夫，她又担忧这样做会给丈夫增加负担，对不起他，此处的神态描写恰如其分地表现了桑娜救人之难、疼爱孤儿的美好心灵。

最后，以心理活动描写展现人物的内心世界。桑娜将邻居的孩子抱回来，等着丈夫回来的一系列心理描写，充分表现了桑娜复杂、纷乱的心理，慌乱、失措的举止，忧郁、果断的情感，恰如其分地表现了桑娜自己虽然也很穷，但仍然同情他人、关心他人的美好心灵。

此外，环境描写也能间接反映人物的特点。《穷人》一文把故事安排在一个风雨大作、又黑又冷的夜晚，有利于表现穷人生活的艰难，在如此恶劣的环境下，文中通过对渔夫家小屋室内干净的地面、未熄的炉火以及搁板上闪闪发亮的食具、白色的帐子等环境描写，烘托出屋内温暖、舒适、宁静的气氛。由此表现出主妇桑娜勤俭持家，虽贫困但仍追求美好生活的品质。

以上从直接形容与间接表现两个方面，就语文教材中的文本讨论了人物特性聚合的方式，如前所述，这两种方式教师和学生都不陌生，但从日常教学中的应用来看，却稍显含混，欠缺逻辑。一般来说，直接形容为读者提供了人物的总体印象，间接表现则为这些印象提供了有效证据。

不难看出，人物特性论的三种原则或方法只是选取的角度及表述不同，三者之间并没有严格的壁垒或鸿沟。在教学实践中，师生结合分析文本的需要，灵活运用某种方法或以此为基础提炼出更为简明、易用的框架都是值得赞许和鼓励的。

综上所述，叙事学理论关于人物的两种理论——人物行动论和人物特性论——反映了叙事学学者们对叙事文中的人物从不同角度、用不同方法所做的分析和研究。简单来说，人物行动论侧重回答"人物做什么"，人物特性论侧重回答"人物是什么"；人物行动论适合分析以情节为中心的情节型作品，人物特性论适合分析以人物为中心的人物型作品。如果教师能够在日常教学实践中积极尝试，就能够掌握并运用一种叙事性文本分析的方法。

第三节 故事空间：背景、场景、环境

一般我们在讨论叙事作品时，有几种不同的概念可以用来描述事件发生的场所或地点：背景、场景、环境等。这几种表述的共通之处是与事件发生的场所或地点有关，也就是都与故事发生的空间有关。这些概念之间的区别常令语文教师们感到头痛，即使在文学理论界，这些概念也常常被混用。如有学者认为，背景与环境相同，不仅包括空间因素，也包括时间因素；也有学者认为，背景与场景表示不同的空间结构，如果说背景是总体空间，那么场景就是空间的一个基本单位；还有学者认为，场景是人物行为与环境的组合。具体来看，学者们立论的出发点或目标不同，对概念的界定也往往不同。在语文教学中，关于故事空间的教学内容总体上包括两方面，一是了解故事发生的背景，一般指故事发生的时空环境，如《骆驼祥子》故事发生的时空环境是20世纪二三十年代军阀混战时期的北平；二是关注人物、事件与环境之间的关系，尤其是环境在推动故事情节发展或塑造人物形象方面的作用。

叙事学学者们对此也有独到的思考，下面仅撷取对解读中小学语文教材中的叙事性作品有重要帮助的观点进行简要介绍，以期为语文教师理解叙事性作品

提供新的视角。

一、故事空间与视角

在叙事学视角下，故事空间在叙事作品中往往具有重要的结构意义，它除了为人物提供了必需的活动场所外，也是展示人物心理活动、塑造人物形象乃至暗示作品题旨的重要方式。

视角，简单地说就是观察的角度，在下一章我们将进行详细的说明，这里主要介绍叙事学学者们对故事空间与不同视角关系的考察。

我们先来看全知视角。全知视角以俯瞰的角度对故事空间进行全景描述，使得故事人物连同其所处的空间一同展现在读者眼前。如《穷人》一文中对渔夫和妻子生存环境的描写：

> 屋外寒风呼啸，汹涌澎湃的海浪拍击着海岸，溅起一阵阵浪花。海上正起着风暴，外面又黑又冷，这间渔家的小屋里却温暖而舒适。地扫得干干净净，炉子里的火还没有熄，食具在搁板上闪闪发亮。挂着白色帐子的床上，五个孩子正在海风呼啸声中安静地睡着。

作者以全知视角向读者展示了渔夫夫妇的生存状态，一方面，通过对屋外波涛汹涌的大海的描写，使人感受到在起着风暴的大海上谋生的渔夫之艰辛；另一方面，通过对屋内"炉火""食具""白色帐子"等的描写，又使读者感受到即使生活艰难困苦，渔夫夫妇仍尽己所能地将日子过得温暖、美好，保持着对美好生活的追求与向往。渔夫夫妇的这些特点与后文夫妇俩虽处困境却义无反顾收养邻居孤儿的高尚行为是一脉相承的。不难看出，全知视角使作者能够更自由地选择故事空间进行描写，从而能更容易地体现作者的创作意图。

除全知视角外，故事有时会采用人物视角来揭示人物对某个特定空间的心理感受。比较典型的例子是契诃夫的经典作品《凡卡》。作者先以全知视角简单介绍圣诞节前夜凡卡趁老板、老板娘和伙计们到教堂做礼拜的机会偷偷地给爷爷写信，接着转而以凡卡的视角进行了如下描写：

在写第一个字母以前，他担心地朝门口和窗户看了几眼，又斜着眼看了一下那个昏暗的神像，神像两边是两排架子，架子上摆满了楦头。他叹了一口气，跪在作台前边，把那张纸铺在作台上。

这个空间是借助故事人物凡卡来感知的，因此故事中展示出凡卡对这个空间的独特感受。首先是担心，担心有人看见他写信；其次是叹息，凡卡"斜着眼看了一下那个昏暗的神像"，他的眼光到此为止，神像两边的架子以及它上面的楦头都是他的眼光所不愿意触及的。这个空间本身就使他不由得叹气。他"跪在作台前边"，这应该也是他平时工作的姿态。凡卡的眼光限定了这个空间的氛围，也暗示出他生活状态的极端局促。这里以人物视角呈现出鞋匠家工作台周围的特定空间，既展现了人物所处的真实空间，同时又是人物心理活动的投射，环境与心境相互映照。

运用人物的眼光对故事空间进行描述，不仅可以展现人物在特定条件下对某个环境的独特感受，还有助于点明题旨。鲁迅的《从百草园到三味书屋》中指出，百草园似乎确实只有一些野草，却是他的乐园，这句看似矛盾的话其实蕴含着成人与儿童的双重视角。从成人视角来看，百草园确实就只有一些野草，而从儿童的视角来看，百草园中却充满着无限乐趣。鲁迅对三味书屋读书生活的描写，则是以儿童视角展示出传统私塾教育对儿童天性的忽略，比如只是读书、只读成年人要求儿童读的书、不允许儿童提问题、儿童很难享有自由时光等。两个空间的对比描写反映了作者对儿童天性的认同以及对传统私塾教育的批判。采用人物视角来描述故事空间时，故事空间在很大程度上成了人物内心的外化，外部世界成为人物内心活动的客观对应物。

二、故事空间与情节

故事情节通常既具有时间性，也与空间有密切关系。它与情节的关系比较复杂，大体可以分为两种情形，一是情节为主、空间为辅；二是空间为主、情节为辅。相比之下，情节为主、空间为辅的情形较多，总体则可归纳为以下三种情况。

一是随着故事情节的发展，故事空间不断变换。这些伴随着人物行动变换的空间场所增添了情节的曲折离奇性，成为航海小说、游历小说的经典元素。例如，《鲁滨逊漂流记》主要讲述了主人公鲁滨逊三次出海以及在荒岛上生活28年的生存和历险过程，但是小说在前面还叙述了他逃离家庭到海外经商、被摩尔人俘虏后逃亡巴西、去非洲贩卖黑人的经历，这些经历也很重要，其重要性不仅在于为人物日后的荒岛生活提供了经验，而且在于增添了小说的丰富性。再如我国传统小说《西游记》，唐僧师徒四人西天取经的复杂经历是以取经过程中所到的不同地点为依托的，尤其是不少地点完全是虚构、想象的空间，如乌鸡国、女儿国等，呈现出了奇幻的特点，更为情节发展增加了曲折性与奇异性。

二是将重要的事件安排在特定的环境中。如《水浒传》"林教头风雪山神庙"中，风雪、山神庙就是故事的独特空间。人物林冲的行动发生在特定的环境——大风雪之中。林冲初到草料场时，风雪初起；

去市井沽酒时，雪势正大；离开酒店回草料场时，雪势更大，压倒了草厅，由此林冲不得不到山神庙里暂避风雪。不想在山神庙里听到了差拨、陆虞候和富安谋害自己的真相。于是，在山神庙这一独特空间中，情节的发展一下子就进入了刀光剑影、血肉横飞的高潮，林冲长期以来忍辱负重、委曲求全、苟且偷生的努力顿时被如山洪般爆发的满腔愤怒所淹没，大军草料场的熊熊大火简直就是林冲心中升起的冲天怒火。瞬息之间，他毫不留情、干净利索地手刃仇人。

对风雪、草料场、山神庙等空间景物的描写和人物行动糅合在一起，体现出环境描写对情节发展所起的重要作用，特定的空间甚至成为推动故事发展的重要因素。小说教学中常将小说三要素——人物、情节、环境作为分析小说的基本框架，强调环境与人物形象及情节的有机联系，《水浒传》"林教头风雪山神庙"的故事空间与人物、情节之间呈现出相互呼应、有机结合的关系，可谓是环境描写与人物、情节有机联系的经典范文。

上述两种故事空间相对于故事情节来说，前者处于不断变动之中，后者则相对固定，共同点是故事以情节及人物行动为主要框架，环境或场景作为人物行动和情节发展的空间，能起到有机的辅助作用。

情节与空间的关系也可以是空间为主、情节为辅，比如可以利用空间组织对事件的叙述。空间不仅是故事发生的地点或叙事必不可少的场景,还可以被利用来安排叙事结构。鲁迅的《从百草园到三味书屋》就是这种类型的经典文本。从表面来看,从百草园到三味书屋只是一种故事空间的转换:"出门向东,不上半里,走过一道石桥,便是我的先生的家了。"但实际上,百草园和三味书屋对"我"有着截然不同的意义,百草园是"我"童年的乐土,是一个充满无限生机的世界,甚至可以让成年后的"我"的灵魂得以休憩;三味书屋则不同,它也是"我"童年生活的重要空间,却只是在那里接受一些"我"当时完全不懂的教化,仅有的乐趣不过是悄悄捉虫和描插图,甚至"我"对传统故事的好奇心也被泯灭了。通过儿童的自然天性在这两个空间呈现出的由生发到失落的过程,这个故事表达出作者对百草园的怀念与神往,对传统私塾忽略儿童天性的感慨。

三、故事空间与主题

对故事空间的深入分析也有助于加深对作品主题的理解。故事空间与主题的关系,大体可分为三种类型。

1.象征型关系。

象征型关系是指故事空间为人物的活动、情节的发展提供相宜的气氛和场所,通过对环境的着意描写或借助环境的某些特征和属性,构成明喻或隐喻,使环境与人物、情节高度和谐统一，从而产生强化作品主题的作用。

　　莫怀戚的《散步》是统编教材《语文》七年级上册中的一篇叙事散文，文章描写了一家人在田野里散步的情形，着意描写了江南早春田野的特点：

　　　　这南方的初春的田野！大块儿小块儿的新绿随意地铺着，有的浓，有的淡；树枝上的嫩芽儿也密了；田里的冬水也咕咕地起着水泡儿……这一切都使人想着一样东西——生命。

　　这里，作者借助江南初春的田野呈现出的生机勃勃的力量，隐喻世世代代、生生不息的生命以及对生命的珍视，与文章的主题——中年人传承生命的责任是相呼应的，景物描写在此起到了强化主题的作用。

　　再如统编教材《语文》七年级上册中史铁生的《秋天的怀念》一文结尾处对菊花的描写：

　　　　又是秋天，妹妹推我去北海看了菊花。黄色的花淡雅，白色的花高洁，紫红色的花热烈而深沉，泼泼洒洒，秋风中正开得烂漫。

　　此处借菊花在秋天开放的特点，隐喻在逆境中坚强活下去的精神；色彩各异的菊花所展现的姿态，或

"淡雅"，或"高洁"，或"热烈而深沉"，隐喻虽各有不同，但同样是美好的生命姿态，作者由此暗示了不仅要活下去，还要活出自我、活出精彩的愿望，而这正是母亲生前对遭命运打击后一蹶不振，甚至不想活下去的儿子的最大期望。秋风中开得泼泼洒洒、姿态烂漫的菊花也是母亲坚强品格的象征。因此，此段描写深化了文章的主题，表达了作者对母亲的理解、感激与怀念，同时也表达出自己要好好活下去的坚定决心与勇气。

2.中立型关系。

故事空间与主题的中立型关系是指环境与人物、情节没有直接关系，环境与主题之间也没有直接关系。这种中立型关系在成熟作家作品中被认为是作家在处理环境与人物、与主题关系时的一种风格上的追求，也可以说是对象征型关系的一种反拨。例如，在法国作家福楼拜的长篇小说《包法利夫人》中，包法利夫人跟随查理·包法利在乡村转悠时的自然环境描写与人物、情节及主题没有什么必然的联系，体现出作家创作风格上的追求。另一种情况是，在不成熟的写作新手那里，作者并不是有意使环境与主题保持中立关系，而是完全没有意识到环境与人物、情节之间以及与主题之间可以有关系，这与成熟作家作品中所呈现的中立型环境描写是不同的。

3. 反讽型关系。

故事空间与主题的反讽型关系指的是环境与人物的感情状态或总体氛围不协调。这种关系设置一般意在通过人物行动及人物情感与环境之间富有张力的反差，在比照中深化主题、引发思考。杜甫的"朱门酒肉臭，路有冻死骨"就是在强烈的对比中呈现意义。现代作家中，鲁迅是运用反讽艺术手法的高手，中学语文教材中所选的很多鲁迅作品中，环境与主题之间往往具有反讽型关系，《祝福》《孔乙己》等都是比较典型的代表，其中《祝福》表现得尤为突出。文章开头作者用了精当的笔墨渲染出旧历年底鲁镇的人们祝福的气氛，通过对燃放爆竹以及准备福礼的景象的描写，呈现出人们对这一年终大典的郑重其事。然而，就是在这样的节日氛围中，一个在身体上与精神上受到封建社会双重压迫的劳动妇女祥林嫂，却在喧嚣的爆竹声里走入了另一个世界。当然，她的死对鲁四老爷那些统治者来说，就像蚊虫一样不被重视，因为她在那个封建社会里是没有丝毫人的尊严的，连牛马都不如。她先后被嫁给两个男人，但两个男人都因不幸而离开了她，唯一的希望阿毛也被狼叼走了。尽管如此，她并没有绝望，还想做个奴隶，求得生存。然而，她的不幸身世非但没有得到人们的同情，反而被视为伤风败俗，遭人冷眼和耻笑。在神权面前，祥林嫂不但感觉难于做人，而且感到难于做鬼，终于带着一身枷锁和无穷的疑虑,在人们祝福的时候悲凉寂寞地死去了。鲁镇人除夕夜喜庆的氛围与祥林嫂的悲惨故事相对照,所形成的反讽强化了作品的主题,强化了读者对黑暗的旧中国的认识,揭露了吃人的封建礼教。《祝福》正是通过对比,引发了读者对鲁镇社会的怀疑与批判。由此可见,环境与人物情感状态产生强烈的反差,可以促进主题深化,使作品带给读者更深刻的思考。运用环境与人物命运、故事情节之间的强烈反差深化主题,是鲁迅小说叙述手法的突出特色。

  不难看出,故事空间不仅是故事中人物和事件的发生地,同时也是展示人物心理活动、塑造人物形象、揭示作品题旨的重要载体。叙事学学者们通过探讨故事空间与视角的关系、故事空间与情节的关系及故事空间与主题的关系,以新的角度感受叙事作品的背景、环境、场景的叙事价值,帮助读者更好地理解叙事性作品。

第四节　叙述视角与叙述者

与传统的文学研究理论不同的是，叙事学的核心关注点并不是故事内容，而是故事内容呈现的方式，即故事是怎样讲述的。从这一核心关注点出发，除了以新的角度和方式关注故事的情节、人物和环境以外，叙事学还重点关注了如叙述视角、叙述者等一些具体概念。

一般而言，叙述视角指叙述时讲述故事的角度，叙述者指讲述故事的人。简单地说，这两个概念所关注的是故事是由谁来讲述，又是从怎样的角度来讲述的。在叙事学的几个核心概念中，与情节、人物、环境等概念相比，广大语文教师对叙述视角、叙述者没有那么熟悉，虽然目前统编语文教材已引入视角等概念，但从教学实践来看，教师对它们的关注仍较少，这可能与他们对如何运用叙述视角及叙述者等概念对文本进行适当解读了解较少有关。其实如果应用适当，我们会发现，利用这种视角往往能够在老作品中读出新意。

叙述视角与叙述者是叙事学中重要的核心概念，与之相关的研究有很多，不同的研究者对概念的界定和研究角度也比较复杂，在此我们不做全面梳理，仅从中小学叙事文解读的需要出发，选取对解读文本有帮助、便于理解和应用的概念和观点，结合相应文本分析范例加以介绍。

一、视角与声音的统一与分离

叙述视角与叙述声音这两个概念既有联系又有区别。通常我们会认为，故事是由叙述者来看、来讲的，也就是说叙述视角与叙述声音是一致的。比如，在叙事散文《散步》中，由第一人称"我"来讲述故事，文本中故事的发展也是从"我"的角度观察出来的，着重写了"我"的所思所感。这时，故事的观察者（视角）与故事的叙述者（声音）是一致的。在简单的叙事中，尤其是初学叙事文的新手作者的作品中，一般都是用第一人称"我"来讲述所见、所闻、所感，通常故事的观察者（视角）就是故事的叙述者（声音），这种情况我们称为叙述视角与声音一致。但在有些叙事作品中，叙述视角与声音并不完全一致，谁看与谁讲之间是有区分的，上文在故事空间与叙述视角中举过《凡卡》一文的例子，其中凡卡在写信前观察周围环境这一片段中，叙述视角与声音就不是一致的。在这段描述中，鞋匠作台的空间是借助人物凡卡来感知的，因此可以说叙述视角是人物凡卡的，但这段话是由叙述者讲出来的，因此声音是叙述者的。叙述者转述和解释人物看到和想到的东西，双方呈现分离的状态。

视角与声音差异的表现形式是多样的，有时间差异、智力差异、文化差异、道德差异等。时间差异使叙述者对往日的行为做出更为理性的评价。如朱自清的《背影》中，以年轻的"我"的视角来看，父亲说话做事是不合时宜的，叙述者（此处也是人物）的声音却是当下的"我"的声音，叙述者用反讽式的语气"聪明"来评价从前的"我"对父爱的不理解。视角与声音在时间上的差异表现为叙述者对同一事件的不同评价，显示出人物的成长变化过程。

视角与声音既有区别又有联系。首先，视角必须依靠声音来表现，通过叙述者的话语，读者才能得知叙述者或人物的观察体验与感受，如上文《凡卡》的例子；其次，声音往往受视角的限制。视角规定声音该叙述什么，不该叙述什么，当视角没有落在某一人物身上，声音就无法表现这一人物的感觉。比如，《水浒传》"智取生辰纲"中，在写杨志等人押送"生辰纲"时，采用的就是杨志一行的视角，这一视角规定了他们的观察体验与感受的有限性。在杨志一行眼中，吴用一干人就是七个卖枣子的客人和一个卖酒的汉子，自然不知道酒里怎样被下了蒙汗药。读者追随杨志的眼光身临其境，直到最后叙述角度又转换为全知视角，揭开了谜底，读者才恍然大悟。全知视角转换为有限视角时产生的悬念感，则会使同样的故事变得更为曲折，吸引力大大增强，有效提升艺术效果。

总之，视角与声音既有区别又相互依存、相互限制，由此构成了人物与叙述者的距离，构成了叙述的层次或空白，使叙事作品的意涵更加丰富，叙事效果更加引人入胜。

二、叙述视角分类的维度

关于叙述视角的分类，叙事学学者们提出了多种分类方法，总的来说，较多受到关注的是以下几个维度。

1. 对故事的观察与感知是处于故事之内还是故事之外，由此划分外视角与内视角。

外视角指的是观察者处于故事之外，内视角指的是观察者处于故事之内。以第一人称叙述视角为例，有的第一人称"我"作为旁观者观察他人，有的第一人称"我"参与事件，前者为外视角，后者为内视角。以胡适《我的母亲》为例，文章以"我"的视角观察记录母亲的几件事，其中有的事件是"我"亲身经历的，如写母亲叫"我"早起、催"我"去上学、因"我"说了不该说的话而责罚"我"，这些事件由于人物是直接参与、体验的，因此属于内视角下的叙事；而写母亲如何处理与大哥及两位嫂子的关系时，则采用旁观者的视角，因此属于外视角下的叙事。

2. 视角是全知还是有限的，由此划分全知视角与有限视角。

所谓全知视角指的是如上帝一样可以从任何角度

来观察事件，甚至包括人物的心理活动的视角；所谓有限视角指的是视角受不同程度的限制，如采用某位人物视角。有时，在一篇文章或一部作品中，既有全知视角又包含有限视角，如托尔斯泰的小说《穷人》，先由全知叙述者简要介绍背景，随后则选择以主人公桑娜的视角进行观察，从不同角度完成对桑娜这一人物形象的塑造。

3．视角是固定还是变化的，由此划分固定视角与变化视角。

固定视角指的是故事从头至尾采用一种叙述视角，变化视角指的是故事采用两种或多种视角进行观察，如由全知视角转换为有限视角，或由一位人物的固定视角转化为不同人物的观察视角或同一人物不同时期的观察视角。如《穷人》由全知视角转换为主人公桑娜的视角进行观察、感知与展示，又如《阿长与〈山海经〉》由写作时的回忆视角转换为儿童时体验事件的视角，通过视角的变化呈现人物的成长与变化。

三、叙述视角的类型

根据上述叙述视角分类的维度，同时借鉴我国叙事学学者申丹对视角的分类，我们对中小学语文教材叙事性作品所涉及的常见的叙述视角类型做如下归纳。

1．全知视角。

这是传统上最常用的一种视角，其特点是全知叙述者既说又看，可以从任何角度来观察事件，可以透视任何人物的内心活动，也可以偶尔借用人物的内视角或佯装旁观者来叙事。从文体上看，童话、神话、寓言、民间传说故事等多运用全知叙述者讲述故事，大家熟悉的《三国演义》《红楼梦》《水浒传》《骆驼祥子》《蒲柳人家》等运用的也是全知视角。

2.选择性全知视角。

全知叙述者有意选择限制自己的观察范围，往往仅揭示一位主要人物的内心活动，如小说《凡卡》，虽然选择以全知视角讲述凡卡写信、寄信的故事，但全知视角仅限于对主人公凡卡的行为、想法进行感知与观察，包括凡卡写信前的情况、投寄的情况与最后做的梦，都是围绕凡卡来叙述。《穷人》的大部分篇幅采用选择性全知视角，充分展示主人公桑娜的内心活动。采用这种视角塑造人物形象，有助于突出人物性格，进而打动读者。

3.第一人称回顾性视角。

这种视角指由第一人称叙述者回顾往事，如《阿长与〈山海经〉》，即是以作为成人的"我"的视角回顾童年往事，又如《我的叔叔于勒》也是作为成年的"我"以第一人称回顾少年时代的一个生活片段。

4.第一人称体验视角。

这种视角指第一人称叙述者参与、体验、感知事件的视角，如《孔乙己》中的"我"是一位酒店小伙计,"我"作为故事的参与者,讲述孔乙己在咸亨酒店里的故事。在某些回忆性作品中,第一人称体验视角会与第一人称回顾视角交替运用,如《我的叔叔于勒》中会不时切换到少年时代"我"的体验视角,故事的嵌套结构和两种视角的切换对作品主题和意蕴的生成产生了特殊效果。

5．戏剧式或摄像式视角。

叙述者如一位观众或一部摄像机,客观观察和记录人物的言行。契诃夫的《变色龙》即为此类视角,如同观看戏剧一样展示人物与事件。

6．第一人称叙述中见证人的旁观视角。

人物只是故事的观察者,与故事没有直接关系。如前所述,胡适在《我的母亲》中写母亲如何处理与大哥及两位嫂子的关系时,采用的是旁观的视角。

7．固定式人物的有限视角。

这种视角指由故事中的人物来观察、感知故事,而且故事通常从头至尾由该人物来观察及讲述。都德的《最后一课》就始终从主人公"我"——小弗郎士的视角来观察和讲述。

此外,叙述视角的种类还包括"变换式人物有限视角"及"多重式人物有限视角"等类型,前者主要指不同人物讲述各自的故事,后者为多个人物讲述同一个故事。

上述各种视角的分类标准并不完全统一,再考虑到叙事性作品中时常出现的视角越界现象，叙述视角这一问题就显得更加复杂了。建议教师不必过多纠缠概念之间的差异，可以从文本解读的需要出发，从便于应用的角度借用这些概念工具进行文本分析，进而发现新的解读角度。

四、叙述视角与主题的关系

有的叙事学学者强调，叙事的真正主题是特定事件的表现而不是事件本身；真正的主人公是叙述者，而不是他的任何一个人物。可见，叙述视角、叙述者等对揭示作品主题具有非常重要的作用。但从常规的阅读习惯来看，人们阅读叙事作品，往往更关注故事中的人物、情节，对故事由谁来观察、由谁来讲以及怎么讲则很少在意，甚至意识不到叙述视角乃至叙述者的存在。通过辨识叙述者和视角，从叙事方式的角度进行考察和分析，思考视角选择背后的原因及意义，有助于我们把握作品的精微之处和独特魅力，以及深入理解作品主题。以下为视角与主题较为常见的两种关系模式。

1．通过视点人物对事件的感知与态度的变化来表现主题。

沈石溪的《斑羚飞渡》是一篇动物小说，曾入选义务教育课程标准实验教科书《语文》七年级下册。作者以猎人的视角讲述斑羚飞渡的故事。对本篇课文的主题有多种解读思路，有的赞美斑羚以牺牲一半来挽救另一半使种族得以延续的自我牺牲、集体主义精神；有的倡导人与动物和谐相处，反思人类对动物的捕杀行为；也有将本文视为在灾难中面临生死选择该如何做的寓言，从而挖掘出敬畏生命的寓意。这些不同的主题倾向，与不同解读者对作品的不同关注点有关。如果只关注故事内容层面，会看到斑羚以牺牲个体来挽救种族群体的自我牺牲、集体主义精神；如果在关注故事内容的同时，关注故事如何讲述，以及内容与讲述方式的相互作用，对小说主题的把握就会更加丰富、深入，也会更加接近作者的创作意图，既避免只见树木不见森林的局部理解，也避免脱离文本过度解读的误区。

《斑羚飞渡》的故事是通过猎人的视角和话语来讲述的，为什么要由猎人来讲这个故事呢？一方面猎人是事件的亲历者，由猎人讲述可以增加故事的可信度和真实感。另一方面，猎人在讲述自己看到的内容的同时，还可以以自己的阅历为基础，将自己的独特感受表达出来。通过这样的表现形式，故事会显得非常可信，同时可以感人至深地呈现猎人对以斑羚为代表的动物生命的态度发生变化的过程，即由最初的漠视，认为捕杀动物是天经地义的行为，到被斑羚的种族自救行动所震撼，直至对斑羚及头羊产生深切的敬意。斑羚被逼入绝境后飞渡自救的故事与狩猎者在这一过程中的情感变化相互作用，构成了一个清晰的结构，传递出一个非常深刻的观念：野生动物和人类同样都是生命，人类应该反思捕杀野生动物行为背后无视甚至蔑视动物生命的观念，进而建立善待动物、尊重生命的理念。随着社会的发展，狩猎生活已退出人类的历史舞台，人类在漫长的狩猎生活中积淀下来的生活习惯和思想情感却不易完全消除，从对待动物的态度的角度来看，狩猎情结会导致人以居高临下的姿态对待动物，将肆意猎取动物视为理所当然，无视动物的生命与生存权利，这种态度最终会异化人的心灵。这是文化观、生命观、世界观以及价值观层面的探索与思考，斑羚飞渡的故事只是这种探索与思考的载体，从感人的故事细节和视角切入，能够更好地引导学生进行这些层面的思考。在探索作者是如何达成这样的创作目标的过程中，学生收获的将不只是概括性的故事内容和有深度的主题意蕴，也将学习到如何借助语言工具实现有价值、有深度且富有感人力量的表达和思考。

2．通过视点人物对事件的感知与态度的不变来表现主题。

《斑羚飞渡》是通过视点人物对事件的感知与态度的变化来表现主题的，也有的作品通过视点人物的"一成不变"来表达另一层面的思考。如《孔乙己》的故事叙述者是十几岁的酒店伙计，因为"我"年龄小，社会经验有限，又"傻"，所以只是客观讲述自己所见，没有任何评价或情感流露，一切都由读者去感受和评判。在孔乙己问"我"读过书没有时，连"我"这个店里地位最低的小伙计都认为："讨饭一样的人，也配考我么？"由此可以看出孔乙己在周遭社会中的地位，而这样的身份与地位对他人来讲，只是一份笑料和谈资，他不曾得到周围任何人的怜悯或体恤。小伙计自始至终漠不关心的叙述，使作品渗透着深深的悲剧感。《秋天的怀念》的视角也很有分析价值。作品始终采用第一人称回顾性视角，只是在回顾中，"我"才体会到母亲在帮助"我"走出困境的过程中的种种努力背后的苦心与煎熬，回顾性视角本身就非常有效地体现了自己对母亲的爱不知与迟知的悔恨，正是后来的知晓和悔恨使我意识到母亲当初是如何竭尽全力，进而树立起坚强活下去的勇气。

通过上述分析可以看出，关注视点人物对事件的感知与态度的变与不变，就可以表现出作品更为丰富的主题意蕴，如果结合视点人物的身份进行深入分析，还会有更多的发现，这也是"视角"这一解读角度的重要价值所在。

第四章 叙事学视角下文本解读的案例

叙事性作品在中小学语文教材中占很大比例，教材根据其具体体裁的特点分年段安排学习内容。以统编教材小学语文为例，低、中年段多安排童话、寓言、神话、民间传说故事等故事性内容，高年段则安排人物传记、叙事散文及小说等文学性作品，初中阶段叙事性作品体裁主要包括叙事性散文、小说和人物传记等。

本章所选文本解读案例以现行统编教材一至九年级中的叙事文为主，结合各年段内容特征，分为四种类型，一是童话、寓言、神话和民间传说故事，二是人物传记，三是叙事散文，四是小说。每篇文本的解读体例大体包括文本类型、情节结构、人物形象刻画、叙述视角及主题意蕴五个维度。文本类型部分主要分析文本类型的基本特点，如是写实还是虚构、情节型还是人物型等；情节结构主要分析文本的具体情节结构，并进一步分析情节结构与主题之间的关系；

人物形象刻画部分分析人物形象，如果文本属于人物型作品，则进一步分析人物刻画的方法以及人物形象特征与主题之间的关系；叙述视角部分主要是对不同文本类型的叙述视角进行分析，在叙述视角相对复杂的叙事散文及小说文本案例中，详细解析叙述视角与主题之间的关系；主题意蕴则是对文本主题或意蕴做整体的概述。此外，有些文本在环境描写及叙述方面有其独特之处，因而单独列出一个相应维度加以分析。当然，这一框架只是为了更好地体现叙事学倡导的结构分析法，以及叙事性作品主题意蕴形成的机制和相应的叙事策略而构建的，希望教师们使用本书时不要受制于这一框架，而是能够理解其内在理念，并在自己的文本解读实践中灵活运用。

第一节　童话、寓言、神话和民间传说故事解读案例

童话、寓言、神话和民间传说故事充满幻想和想象，属于想象虚构类叙事性作品，多以情节型叙事为主。这些故事浅近易懂，非常适合儿童学习和接受，是小学生语文学习的重要阅读材料，也是提升学生语文素养的良好的学习资源。本节所选择的解读篇目包括童话《卖火柴的小女孩》，寓言《乌鸦喝水》和《鹿角和鹿腿》，神话《普罗米修斯》以及中国古代民间传

说故事《牛郎织女》。这些故事相对而言比较容易理解，但教学中常常会因教师忽略故事结构与故事主题之间的内在关系而导致解读肤浅或标签化，进而导致教学引导缺乏深度、活动设计不恰当等课堂现象，影响学生语文学科核心素养的培养。下面的案例主要从叙事结构角度探索童话、寓言、神话及民间传说故事的故事结构与主题意义的关系，展现这几种文体在叙事结构上的特点，以便为对这几类文本的深入解读奠定基础。

一、《卖火柴的小女孩》解读

《卖火柴的小女孩》是统编教材《语文》三年级上册第三单元童话单元的第一篇课文。《卖火柴的小女孩》是丹麦作家安徒生的一篇经典童话故事，译者叶君健，选作课文时有改动。故事讲的是在大年夜，卖火柴的小女孩没有卖出一根火柴，她不敢回家，赤着脚，忍受着寒冷、孤独和饥饿，在街上走着。小女孩一次又一次地划着火柴，先后看到了火炉、烤鹅、圣诞树和奶奶，最后她跟着奶奶在光明和快乐中飞走了，飞到没有寒冷、饥饿和痛苦的地方去了。而现实中，她冻死在了墙角，手里还捏着带给她美好幻想的火柴梗。这是一个典型的愿望实现或者说困境解决的故事，表达出作者对人类苦难的同情与关切、对美好幸福的积极向往，以及通过想象超越苦难、寻求慰藉的愿景。

（一）情节结构

1. 交代背景，暗示困境（第1自然段）。

一般来说，故事发生的背景即时间、地点以及具体的现实情况。一年的最后一天，天冷极了，下着雪，又快黑了，在这又冷又黑的晚上，一个小女孩赤着脚在街上走着。开头短短几句话，就揭示了主人公的困境。大年夜是世间幸福美好的团圆之夜，但小女孩在这又黑又冷的大年夜，赤着脚在街上走。大年夜与在街上赤着脚走的小女孩对比，形成了强烈的故事张力，作者在发挥环境描写作用的同时，也成功设置了悬念。

2. 主人公陷入困境（第2—3自然段）。

小女孩以卖火柴为生，但是"这一整天，谁也没买过她一根火柴，谁也没给过她一个硬币"，小女孩陷入饥寒交迫的困境。

3. 困境上升（第4自然段）。

现实世界里，没有人帮助小女孩摆脱困境。她不敢回家，因为她没卖掉火柴，没挣到钱，爸爸会打她，而且家里跟街上一样冷。家本应是孩子最温暖的庇护所，但小女孩的家不仅物质条件恶劣，更缺少爱与温暖。由此可见，在小女孩生活的现实世界里，她饥寒交迫的困境逐步加剧，没有人帮助她摆脱困境。

4.困境解决（第5—9自然段）。

第一次划火柴，大火炉出现了。

第二次划火柴，香喷喷的烤鹅出现了。

第三次划火柴，美丽的圣诞树出现了。

第四次划火柴，唯一疼她的奶奶出现了。

第五次擦着一大把火柴，奶奶把小女孩抱起来，在光明和快乐中飞走了，飞到那没有饥饿、没有寒冷、也没有痛苦的地方。

这部分堪称这部作品中最经典的内容，极富想象力地描述了小女孩用独特的方法——划火柴，在幻境中实现愿望的过程。一次一次划火柴，昭示了小女孩在饥寒交迫中对温饱和爱的渴望。但在火柴奇异的光芒中，她的愿望短暂实现后又旋归破灭。直到最后，她用一大把火柴擦出强烈的光，在那奇异的光明中，小女孩用特殊的方式实现了愿望。

5.结局（第10—11自然段）。

现实中，小女孩在大年夜冻死了，手里捏着一把烧过的火柴梗。

（二）情节结构与主题的关系

从情节结构上看，这是典型的困境解决故事类型。主人公"卖火柴的小女孩"处在饥寒交迫、无人关爱和同情的悲惨处境中，人物摆脱困境的方式是借火柴奇异的光在虚幻的想象中实现愿望。《卖火柴的小女孩》用奇幻方式实现愿望的方法符合儿童的认知特点，也是童话文学的重要特征。在现实的苦难面前，人们可能暂时无法摆脱困境，但想象似乎同样能够给人带来精神的慰藉。在现实中，小女孩冻死了。但她"嘴上带着微笑""谁也不知道她曾经看到过多么美丽的东西，她曾经多么幸福，跟着她奶奶一起走向新年的幸福中去"。表面来看，现实生活中的困境是难以摆脱的，小女孩的想象也完全算不上奇妙，但恰恰是她极其朴实的梦想赋予了故事极为动人的魅力——我们对温暖和爱的渴望并不是微不足道的，这种渴望有着超越时空、超越现实的力量。苦难的解脱并不完全依赖物质，精神上的富足甚至有着更为巨大的力量。小女孩的微笑也许没有人能理解，但她的生命因此而完满了。结合作者安徒生的人生经历，我们不难发现，这样的抒写既表达了作者对世间苦难的慈悲，更洋溢着这位童话大师对人的精神力量的赞美与讴歌。

（三）故事空间与主题的关系

本文故事发生在一年的最后一天——是辞旧迎新、阖家欢庆、幸福团圆的日子。从表面来看，这是故事的时间背景，但实际上，所有的事件都发生在这一天，也就是说，这一天是温暖、幸福、丰裕、欢乐的代名词。作者所要强调的，是这样的时间背景下的空间气氛："每个窗子里都透出灯光来，街上飘着一股烤鹅的香味。"

  这样的空间与故事形成强烈的反差——在大年夜的欢庆气氛中，卖火柴的小女孩冻死在街头，正如杜甫诗中所言："朱门酒肉臭，路有冻死骨。"强烈的对比能激起人们对身处苦难中的人们的同情。

  此外，温暖的火炉、香喷喷的烤鹅、美丽的圣诞树，这些一般意义上的故事空间要素对故事中的人物——卖火柴的小女孩来说却是现实生活中所不可得的，只是内心的强烈愿望而已。每一次擦着火柴，奇异的光中都呈现出这些景象，同样，"那没有寒冷，没有饥饿，也没有痛苦的地方"也并不是现实生活中的故事空间，现实中无法实现的愿望，只能通过幻想来实现，大年夜的故事空间起到了揭示作品题旨的作用。

（四）叙述视角与主题的关系

  本文的叙述视角为全知视角，视角与声音统一于叙述者，叙述者既看又说，既全面观察事件，又能传达人物的内心活动。叙述者知道小女孩的一切：她很不合脚的拖鞋丢掉了——那是她妈妈穿过的，她没有挣到钱会挨爸爸的打，她的家里跟街上一样冷。即便是这样的窘境，她也忘不了这是个大年夜。但即使是大年夜，她盼望的东西却一样也得不到，或者说，只能通过幻想得到。小女孩死去后，人们能够看到她

"嘴上带着微笑",但"谁也不知道她曾经看到过多么美丽的东西,她曾经多么幸福,跟着她奶奶一起走向新年的幸福中去"。作品借童话的叙述形式,让大年夜里冻死的小女孩在幻想中实现了愿望,在想象中给人间的苦痛抹上了一道希望的光芒。

儿童文学理论学者认为,童话中所描述的幻想式现实或乌托邦现实,或许旨在呈现一个更真实的现实。

二、《乌鸦喝水》解读

《乌鸦喝水》是统编教材《语文》一年级上册第十三课的课文,选自《伊索寓言》,选入课本时经过了改写。《乌鸦喝水》这则寓言,通过典型的问题解决故事结构告诉人们,遇到困难的时候不要轻言放弃,如果善于思考,积极想办法,再困难的问题也能得到解决。

(一)情节结构

1. 主人公面临的问题。

困境解决类型的故事通常开始于主人公(包括动物)缺少某种东西。这则寓言故事的开端是乌鸦口渴了,缺少水,需要找水喝。

2. 困境解决过程。

(1)解决不顺。乌鸦看见一个瓶子,瓶子里有水。这本来可以有效解决乌鸦口渴的问题，但问题的解决并不顺利，乌鸦再次陷入了困境。

（2）困境加深。瓶子里水不多，瓶口又小，乌鸦喝不到水。

（3）困境突转。情节发展到这里，乌鸦似乎已经是穷途末路了，难道就此放弃，选择渴死吗？英雄就是无路可走之时能够开辟新路的人，从故事发展的角度来看，这也是新的情节展开的绝佳契机。故事中的这只乌鸦没有选择放弃，而是观察周围的环境，它看见旁边有许多小石子，于是想出办法来了。

（4）问题解决。乌鸦把小石子放进瓶子里，瓶子里的水渐渐升高，当达到能够喝到的位置时，乌鸦就喝到水了。这也是故事的高潮部分，即困境解决的部分。

3. 故事结局。

结局是乌鸦成功喝到了水。

（二）情节结构与主题的关系

《乌鸦喝水》是一年级上册的课文，在编入教材时经过了较大程度改写。本册课文是适合刚刚学会借助拼音识字的小学生的阅读材料，故事也并不难懂，因此不宜在作品结构分析上下太多功夫。但教师在带领学生理解作品主题时，头脑中还是需要有一条较为清晰的线索，这样才能把作品主题全面、准确地解读出来。

教师在掌握了上文的结构分析技巧之后，就可以借机通过语言对学生加以引导，让学生发现，乌鸦在生活中遇到了困难，但它没有放弃，而是积极想办法解决。乌鸦解决问题的态度即为寓言所揭示的道理，也是作品的主题所在。

（三）寓言故事的结构特点

寓言故事的结构一般都比较简单，困境或问题解决也是其中常见的类型。故事要说明的道理往往就蕴含在成功（或未成功）解决问题的方法及方法背后的想法或信念之中。成功的做法给读者以启示，失败的做法给读者带来经验教训。因此，寓言常带有讽刺或劝诫性质，这也是"寓言"这一名称的由来。寓言的意义大多具体、明确，多用借喻手法，使富有教育意义的主题或深刻的道理在简单的故事中得以传达或体现。

三、《鹿角和鹿腿》解读

《鹿角和鹿腿》是统编教材《语文》三年级下册第二单元第七课的课文，根据《伊索寓言》中的故事改编而成。课文的主要内容是鹿发现自己的角特别美，觉得自己的腿配不上自己的角。这时一头狮子向它逼近，鹿撒开长腿甩开了狮子。但是因为鹿角被树枝挂住，狮子又猛扑过来，鹿差点儿丧命。最后，它用尽全身力气，才把角从树枝中挣脱出来，终于脱离了危险，也意识到美丽的角差点儿送了自己的命，但难看的腿却让自己狮口逃生。

（一）情节结构

与《乌鸦喝水》一文的问题解决结构不同，《鹿角和鹿腿》的情节结构类型为发现型结构，这种结构的特点是逐步揭示或证实事件真相，体现为不断追求、寻找，具有突出的认知特征，从不知到知是这一情节类型的常见模式。情节结构呈现出主人公对人或物由最初的不知道、不了解、不理解转变为知道、了解、理解的过程。故事的主题一般也是主人公从对人或事物的认识变化中获得的启示。《鹿角和鹿腿》的情节结构则具有这样的特点。

最初的认识：鹿在池塘喝水的时候注意到自己在水中的影子，发现了自己的美，尤其是自己的角的美丽。它对自己的腿却不满意，觉得不如角漂亮。这是鹿最初对自己的美的发现与认知。

关键事件：狮子追近，鹿撒开长腿摆脱狮子，鹿角却挂住树枝，它差点丧命。

结局：它的认识发生改变。死里逃生之后，鹿终于明白了两只美丽的角差点儿送了自己的命，四条难看的腿却让它得以幸存，从而对鹿角和鹿腿的作用获得了全新和深入的认识。

（二）情节结构与主题的关系

发现型情节结构与主题的内在联系在于主人公对人或物的原有态度、看法在经历一些关键事件后发生了转变，主人公在改变原有认识的同时，自身也发生了变化。故事的主题则往往借助主人公特定的经历和获得的启示体现出来。本则寓言的启示是，同一事物从不同的角度看可以得出不同的结论。如鹿角和鹿腿，从欣赏的角度看，鹿角比鹿腿好看；从逃生的角度看，鹿腿比鹿角更实用。因此，对事物要从不同角度观察和考虑，才能形成更全面的认识。

与《乌鸦喝水》相比，这篇三年级的寓言故事在内容和结构上都更为复杂，一是困境从现实生活中的问题转向了认知层面的问题，如果仅停留于现实层面，将不利于作品主题的挖掘；二是关键事件的作用，关键事件往往是实现认知突破的必要条件，这也是在解读本文情节结构时应予以重视的。

（三）寓意

由上面情节结构与主题之间的关系，我们可以推断出，这则寓言的主题在于引导人们更全面地看待事物。这一寓意如果上升到认识论层面，则具有更广泛的意义，呈现出人类循序渐进认识自我、认识他人及认识世界的思维过程，体现了人类始终走在由不知到知、由片面到多元的认知道路上。当然，这一深层寓意对三年级的小学生来说可能过于深奥，教师可以根据学生实际及课堂生成情况引导学生讨论。

四、《普罗米修斯》解读

《普罗米修斯》是统编教材《语文》四年级上册第四单元中的一篇课文，根据古希腊神话改编而成。课文的主要内容是人类因为没有火，生活非常悲惨。天神普罗米修斯为了帮助人类，勇敢地到太阳神阿波罗那里盗取火种，遭受了宙斯残酷的惩罚。他不屈不挠，后来得到大力神的救护，终于获得自由。普罗米修斯是不惜牺牲自己为民造福的英雄典范。

改写后的《普罗米修斯》虽然篇幅不长，但情节波澜起伏，人物形象塑造得也很丰满。下面以课文文本为依据，主要从情节结构、人物形象刻画、人物形象与主题的关系以及神话叙事结构特点这几个方面来谈一谈解读的路径。

（一）情节结构

把握《普罗米修斯》的情节结构时我们会发现，这篇课文中包含两个困境解决结构的故事，一个是天神普罗米修斯用盗火的方法解决人类缺火的问题，另一个是因为盗火，普罗米修斯受到严厉的惩罚，最后被大力神解救的故事。两个故事之间呈现出因果关系，因此，一般划分情节时常将第1—2自然段作为起因，第3—8自然段作为经过，第9自然段作为结果。如果采用叙事学视角，按困境解决情节类型来把握故事结构的话，可以呈现出更细致的内容。

1. 背景（第1—2自然段）。

这部分写的是天神普罗米修斯帮助人类盗取火种的故事。人类因为缺少火陷入悲惨境地。作为人类的创造者、护佑者，天神普罗米修斯对人类的处境充满同情，为了帮助人类摆脱悲惨处境，甚至不惜违逆神界天条，决定冒着生命危险去为人类"盗取"火种。他从太阳车那里拿到了火星，成功地将火种带到人间，人类的处境有了巨大的改变。

2. 困境产生（第3自然段）。

众神领袖宙斯气急败坏，决定给普罗米修斯以最严厉的惩罚，吩咐火神立即去执行。普罗米修斯因为人类和宙斯产生尖锐的矛盾冲突，也因此陷入了困境。

3. 面临选择（第4—5自然段）。

火神劝普罗米修斯向宙斯承认错误，归还火种，求得宙斯饶恕。选择这个机会就意味着摆脱困境，但是普罗米修斯放弃了这个向宙斯妥协的机会，选择坚持自己的立场，坚决不承认错误，更不归还火种。

4. 困境加深（第6—7自然段）。

由于普罗米修斯既不认错，也不归还火种，火神只好依宙斯的命令惩罚普罗米修斯，把他的双手和双脚锁在高加索山的悬崖上，不能动、不能睡，日夜遭受风吹雨淋。即使这样，普罗米修斯仍然不屈服。接着，宙斯又派一只凶恶的鹫鹰啄食他的肝脏，白天啄，晚上长，日复一日，永无尽头。普罗米修斯始终站在人类的立场上，与宙斯进行不屈不挠的抗争。

5.困境持续（第8自然段）。

普罗米修斯被锁在高加索山的悬崖上许多许多年。

6.困境解决（第9自然段）。

大力士赫拉克勒斯经过高加索山，看到普罗米修斯被锁在悬崖上，愤愤不平，射死了鹫鹰，砸碎锁链，普罗米修斯终于获救，取得自由。

（二）人物形象刻画

除了曲折生动的情节之外，本文给读者留下突出印象的是普罗米修斯独特的人物形象。普罗米修斯的人物形象一方面是通过情节展示出来的，另一方面是通过多重人物关系呈现出来的。下面结合文本具体谈一谈本文刻画人物的方式。

1.通过情节刻画人物。

情节就是人物的选择与行动，而人物的选择与行动往往表现了人物的个性特征。这就是人物形象与情节两者之间相辅相成的关系。通过情节中人物的选择与行动突显人物的个性特征，这是本文人物形象刻画的突出特点。

首先，在盗火情节中，作为创造人类的天神，普罗米修斯的突出特点是他坚定地站在人类的立场上，为人类造福。当普罗米修斯看到人类没有火的悲惨情景时，他就下定决心冒着生命危险，到太阳神阿波罗那里去取火种。从"决心"二字中，我们能够深刻感受到普罗米修斯深知"火种"对人类的巨大意义——它意味着永远摆脱黑暗的笼罩，意味着崭新生活的开始、美好纪元的开启。与此同时，普罗米修斯也清楚地知道取火种对自己意味着什么——它意味着对众神首领宙斯至高无上权威的挑战，意味着将使他迎来比死亡还令人恐惧的惩罚，使他永远失去做神的自由和尊严。那么，是眼看人类继续遭受无火痛苦的折磨，还是舍弃一己幸福，为人类造福？这不是一道简单的选择题，而是需要经过激烈斗争的艰难抉择。但由他"跑到太阳车那里，从喷射着火焰的车轮上，拿了一颗火星，带到人间"这一行为，我们看到了普罗米修斯的坚定抉择，看到了他对人类的那份无私的爱，也就是这份对人类的善心，成就了其辉映千古的人性光辉。

其次，在火神规劝情节中，普罗米修斯为了人类的幸福，甘愿受罚，心甘情愿用自己的苦难去换取众生的幸福。尽管火神劝他向宙斯承认错误，归还火种，请求宙斯饶恕，普罗米修斯却坚决认为自己是为人类造福，没有错。他坚定地表明自己对人类的态度，心甘情愿用自己的苦难去换取众生的幸福！"我可以忍受各种痛苦，但决不会承认错误，更不会归还火种！"这句话表明了火种在普罗米修斯心中的分量和意义——火是温暖、安全的代表，是光明、希望的象征，更表明普罗米修斯对人类的关切与悲悯的情怀。

最后，在忍耐最严厉的惩罚情节中，普罗米修斯表现出英勇不屈、永不服输的英雄气概。文本中呈现了两幅悲壮的普罗米修斯忍受惩罚的画面。一是普罗米修斯的双手和双脚戴着铁环，被死死地锁在高高的悬崖上，既不能动弹，也不能睡觉，日夜遭受着风吹雨淋；另一个是凶恶的鹫鹰，每天站在普罗米修斯的双膝上，用它尖利的嘴巴啄食他的肝脏。白天，肝脏被吃光，可是一到晚上，肝脏又重新长了出来。这两幅悲壮的画面展示出这位天神所承受的巨大痛苦、为人类取得火种所付出的巨大代价，同时也展示了在与至高无上的权威之神——宙斯的较量中，这位天神表现出的坚定不屈、永不服输的英雄气概。

2.通过多重人物关系刻画人物。

本文人物形象刻画的另一个突出特点是通过多重人物关系刻画人物形象。第一，文中体现的是一对矛盾对立的关系——宙斯与普罗米修斯，两者的矛盾冲突在本文中首先表现为人类发展的支持者与阻碍者的冲突，其次表现为统治者与被统治者之间施暴与抗暴的冲突。在这一尖锐的冲突中，普罗米修斯选择以为造福人类甘愿受罚的方式对待宙斯，由此可以看出普罗米修斯的牺牲精神及大无畏的英雄气概。第二，火神、大力神赫拉克勒斯与普罗米修斯之间的关系是帮助与支持的关系。火神和大力神都非常钦佩普罗米修斯的行为，都想帮助普罗米修斯，最后是大力神赫拉克勒斯解救了普罗米修斯。通过这重关系也可以看出普罗米修斯的行为是值得尊重与敬佩的。通过以上多重关系的衬托，普罗米修斯的人物形象变得更加丰富和突出。

（三）人物形象与主题的关系

为人类盗取火种，造福人类，自己则甘心受罚、不屈不挠的英雄精神构成了普罗米修斯光辉的形象，这一形象激发起人们对普罗米修斯由衷的崇敬和赞美之情，因而本文的主题与普罗米修斯的形象内涵是紧密相连的。

在东西方的神话故事里都有造人的神，中国是女娲，西方是普罗米修斯。普罗米修斯同情人类，关心人类的生存和进步，为了帮助人类脱离愚昧、解脱苦难，他盗取天火给人间，把光明与温暖带给人类，使人类有了划时代的进步。所以说，在希腊的众神和英雄当中，普罗米修斯是最富牺牲精神和献身精神的一位。普罗米修斯盗火象征着人与自然搏斗的第一次伟大胜利，象征着人类向文明的迈进以及对自由的获取。所以说，普罗米修斯是呼唤自由与正义的文化英雄。他超人的力量、无穷的智慧以及立志除尽人间罪恶的坚定信念，成为人类英雄精神的写照与表征。

（四）神话叙事结构特点

普罗米修斯为了人类受了那么多的苦，那么他在高加索山上的时候，人类为什么不去救他？这是某位小学生在阅读这篇课文时提出的一个特别有趣的问题。能提出这样的问题，说明孩子被普罗米修斯的形象打动了。同时，这也是一个很好的教学契机，可以由此引导学生思考神话的特点及价值。

神话是人类童年时代的幻想，远古人类用神话故事表达自己对世界、对自我的认识。在那个时代，人类在大自然中生存得很艰难，自身力量很有限，对很多自然或社会现象难以理解，同时又渴望对之加以解释。可以说，神话就是这种渴望的产物。通过幻想，人类想象出能驾驭自然甚至超越自然的神祇或英雄人物，这些神祇或英雄人物所具有的某些特性也表达了人类的某种向往。普罗米修斯就是人类先民创造的英雄，他与万神之王宙斯所代表的极端权力的对抗、他为了人类的发展不惜牺牲自我的品质，都体现了人类自身的精神追求。普罗米修斯的故事，表达了希腊人对正直、富有同情心的神的崇敬，歌颂了像普罗米修斯这样为造福人类而自我牺牲的伟大精神。普罗米修斯形象体现了希腊人的精神面貌，我们仿佛看到了古代希腊人满怀希望，鼓起勇气，誓与自然相抗争，不愿做大自然的奴隶的形象。普罗米修斯的形象也体现出人类的精神追求。在神话中，普罗米修斯代表了那种为民生疾苦不辞辛劳乃至甘愿牺牲生命去追求真理、向困难挑战的人。通过神（普罗米修斯）而看到人，表达人的性格和思想，这是神话带给后人的精神食粮。

因此，普罗米修斯的形象能够无形地沁入每一个读者的心灵。也正因如此，普罗米修斯的形象成为一个不朽的形象，感动、鼓励了无数后人，引发后来的诗人、画家、学者的不断探寻，他们以艺术（包括戏剧、诗歌、绘画等）和学术等不同的形式，不断对之加以追忆、解读和演绎，表达了对普罗米修斯由衷的崇敬和赞美之情。

五、《牛郎织女》解读

《牛郎织女》是统编教材《语文》五年级上册第三单元中的课文。《牛郎织女》是我国著名的汉民族民间传说故事，故事讲述了牛郎从小遭哥嫂虐待，和老牛相依为命。在老牛的帮助下，牛郎和织女组成了一个幸福美满的家庭，生下一儿一女，他们却被王母娘娘用一道天河拆散，从此天各一方。最后，王母娘娘拗不过他们，允许他们每年七夕相会。

由于《牛郎织女》篇幅较长，统编教材将它分为两篇课文,《牛郎织女》(一)为精读课文,主要讲述牛郎的故事;《牛郎织女》(二)为略读课文,主要讲述织女的故事。两篇课文的故事结构大体都是困境解决结构,但又有所不同,下面分别加以介绍。

(一)《牛郎织女》(一)的情节结构

1. 面临困境。

故事开门见山交代主人公牛郎的凄苦处境:没有爹娘,哥嫂待他不好,缺少家庭的温暖。但牛郎与牛的关系很亲密。

2. 困境解决。

老牛帮助牛郎成家立业,娶织女为妻。

牛郎长大后,哥嫂提出分家,牛郎与老牛一起安家立业。奇迹发生,老牛会说话,给牛郎泄露天机,牛郎按照老牛的话,和织女相识,牛郎织女互诉衷肠,结为夫妻。

(二)《牛郎织女》(二)的情节结构

1. 陷入困境。

婚后,牛郎、织女男耕女织,并生下一儿一女,其乐融融。但在王母娘娘的干预下,夫妻被迫分离。

王母娘娘得知织女与牛郎做了夫妻,气急败坏地将织女抓走。牛郎披上牛皮、挑着孩子去追,眼看就要追上了,结果被王母娘娘用天河隔开了。他们成了天河两边的牵牛星和织女星。

2.困境解决。

在织女的执意坚持下，王母娘娘允许织女与牛郎每年农历七月初七相会一面。

3.结局。

故事的结局是牛郎、织女化为天河两边遥相呼应的牛郎星、织女星，每年农历七月初七鹊桥相会。

（三）人物形象

两篇课文都是情节型叙事作品，故事结构大体上都是困境解决结构，但又各有特点。从主人公面临的困境来看，牛郎缺少家庭的温暖，织女则缺少人身自由。从解决困境的方式来看，《牛郎织女》（一）的故事有帮助者，主人公牛郎摆脱困境主要依靠神牛相助；《牛郎织女》（二）的故事中，没有出现帮助者，主人公织女依靠自己解决问题。由于所处困境及解决困境的方式不同，两个故事所呈现的人物形象也有差异，相对来说，牛郎的形象不突出，而织女的形象比较突出。

1.故事中牛郎具有善良、勤劳、诚实的品质。

首先，从牛郎用心照顾老牛可以看出，他觉得老牛勤勤恳恳干活，就应该得到好的照顾，他周到细致地照顾老牛，可见他善良、勤劳。其次，当牛郎听老牛的话，与织女相识，牛郎把自己的情形一五一十地与织女说了，这也说明牛郎非常诚实。最后，婚后，他与织女在生活上互帮互助、勤劳节俭，从这些都可以看出牛郎具有勤俭本分的特性。

2.故事中的织女具有反抗压迫，勇于追求自由、美好生活的精神品质。

首先，织女具有反抗压迫的精神。织女为王母娘娘成天成夜地织布，一会儿也不许休息，不仅劳累，更没有自由，她心生逃出天庭的念头，终于趁王母娘娘酒后打瞌睡的机会，和姐妹们溜出来，享受无拘无束的自在生活。由此可以看出，织女身上体现出强烈的冲破束缚与压迫的精神追求。其次，织女还具有勇于追求美好生活的决心、行动和勇气。织女遇到牛郎后，听牛郎讲述自己的情形，她对牛郎心生爱意，于是决定与牛郎结为夫妻。婚后，夫妻二人相互帮扶、恩恩爱爱、勤劳节俭，过上了美好幸福的生活。最后，织女还具有不屈不挠的斗争精神。遭到王母娘娘严厉的处罚，与牛郎及孩子不得相见后，她坚持抵抗，最终连王母娘娘也拗不过她，答应他们七夕相见。由此可以看出，织女身上体现出反抗压迫，勇于追求自由、美好生活的特点。

（四）情节、人物与主题的关系

《牛郎织女》的主题主要通过情节、人物形象的相互作用呈现为两个层面。首先，以牛郎为主人公的故事在情节结构上呈现出困境转变的特点，在神牛的帮助下，牛郎由凄苦处境转为过上幸福美好的生活；牛郎与牛、与织女的关系也反映出他所具有的劳动人民普遍认同的善良、勤劳、诚实等品质特点。情节与人物相互呼应，形成故事主题的大体方向，即超现实的神力相助，让受苦之人过上幸福生活，表达了广大劳动人民的美好愿望：具有忠厚、勤俭品质的人终能过上美好生活，男耕女织、夫妻恩爱、儿女绕膝。其次，以织女为主人公的故事在情节结构上同样呈现出逆转的特点，牛郎织女的幸福生活被王母娘娘干涉，夫妻被迫分离，天各一方；在织女的一再坚持下，夫妻每年农历七月初七得以相见。在此部分的故事情节结构中，织女在行动中展现出独特的人物特征。织女的人物特征与情节结构相互作用，形成故事主题的另一层面，也就是织女飞到人间与牛郎结为夫妻，与王母娘娘坚持抗争，表达了劳动人民反抗压迫、追求自由、追求美好生活的愿望与勇气。由此，通过情节、人物形象的相互作用，《牛郎织女》的主题主要表现为：表达了广大劳动人民对男耕女织、夫妻恩爱、儿女绕膝的幸福生活的向往；同时也表达了劳动人民反抗压迫、追求自由、追求美好生活的愿望与勇气。

（五）民间传说故事叙事结构的特点

民间传说故事的创作者是古代劳动人民，他们多采用全知的视角,以口头的方式进行传播,带有普通百姓的口语化特点,表现出劳动人民对自然、对社会、对自我的理解与认识。我们目前接触到的叙事性文本是经由民间文学研究者或文学家整理润色的书面文本,同样保留着民间传说故事的叙事特点。民间传说故事在叙事结构上的主要特点是多以神奇想象的方式解释及解决问题,反映劳动人民的愿望。如本文中的神牛相助情节、鹊桥相会情节以及对天河两边星座的命名方式,都是以幻想、想象的方式来解释自然、解决问题,表达劳动人民对世界及自身的理解与认识。

第二节　人物传记解读案例

人物传记属于纪实类叙事性作品，文本类型大多为人物型。入选中小学语文教材的人物传记的主人公多为历史或现实生活中的杰出人物，这样的人物形象能够对中小学生树立正确的价值观、人生观产生重要的影响。人物传记运用多种方法刻画人物形象，表现人物特点及精神风貌，是中小学生记叙文写作的重要教学资源，是各个学段语文学习的重要内容。本节主要选取统编小学语文教材中的五篇人物传记案例进行解读分析，包括两篇古代人物传记《西门豹治邺》和《将相和》，两篇现代人物传记《梅兰芳蓄须》和《我的伯父鲁迅先生》，以及描写居里夫人的《跨越百年的美丽》。案例关注人物型叙事作品的叙事结构以及如何通过叙事结构呈现人物的特点，并从叙事学视角给出具体的解读路径和方法，以便教师更深入地把握人物的精神风貌，避免浅表化或标签化理解。

一、《西门豹治邺》解读

《西门豹治邺》是统编教材《语文》四年级上册第八单元的课文，该单元的主题为"历史传说故事"。《西门豹治邺》是根据《史记·滑稽列传》中汉代史学家褚少孙补写的部分相关内容改写，讲述了战国时期政治家西门豹管理邺地时惩治恶人、破除迷信、造福百姓的故事。

（一）文本类型

《西门豹治邺》源自《史记·滑稽列传》。作为历史著作，《史记》原则上是忠实于历史事实的，可以称为"实录"，因此，从写实与虚构的角度来看，本文属于写实类叙事作品。从文本类型上看，课文出自《史记》中的人物传记部分，属于人物型的叙事作品。人物型作品所选取的事件往往是为突出人物特征服务的，同时会运用人物的语言、动作、细节描写等多种方法表现人物的思想性格和特征。《西门豹治邺》一文就是通过描绘西门豹处理河神娶妇事件来表现人物特征、塑造人物形象的。

（二）事件结构

1. 事件背景。

战国时期，魏国的国君派西门豹去管理漳河边上的邺县地区。

2. 遇到问题。

西门豹到了邺县后，目睹了邺县田地荒芜、人烟稀少、农业凋敝的一片凄凉景象。

3. 解决问题。

第一步：调查情况。

西门豹找了本地德高望重的长老，通过询问五个问题，调查清楚了事情的真相。原来此地的悲惨情形都是河神娶媳妇给闹的。河神每年要娶一个年轻漂亮的姑娘，不给他送去，漳河就要发大水，把田地全淹了。从老大爷的回答中，西门豹了解到，给河神娶媳妇是巫婆与本地官绅相互勾结、向老百姓敛财的手段。西门豹接着问漳河发大水的情况，老大爷如实告知这里不仅没有发过大水，反而年年干旱，由此西门豹判定解决此事并不会导致当地百姓担忧或反对。最后，西门豹向老大爷打探河神娶媳妇的时间。

第二步：惩治巫婆和官绅。

面对众多的贪官、帮凶和不明真相的人民群众，西门豹采取了如下具体策略达到救人、惩恶以及教化的目的。

一是将计就计，救下姑娘。西门豹先是以姑娘"不漂亮""河神不会满意"为由，救出了新娘；二是派巫婆去跟河神"说一声"，巧妙惩办了巫婆；三是惩治首恶，假装客气，"麻烦"官绅头子去跟河神"说一声"，虽不动声色，却很坚决地将他们扔进了漳河；最后是震慑帮凶，西门豹很客气地"请"官绅们去催巫婆和官绅头子，这些人一个个吓得"面如土色""磕头求饶"，西门豹等了很长时间才让他们回去，目的是要警告他们不许再为非作歹。西门豹自始至终严肃认真地演好这场戏，无声地用事实惩治首恶、教育百姓。

第三步：兴修水利。

为解决当地的干旱问题，西门豹发动群众，开凿了十二条渠道，把漳河的水引到田里，灌溉农田。

4.结局：治邺成功。

西门豹惩治了恶人，破除了迷信，收服了民心，兴修了水利，灌溉了农田。自此，邺县的人祸和天灾全部治理完毕，年年获得好收成。

（三）事件描写中呈现的人物特征

西门豹成功扭转邺县人烟稀少、田地荒芜的现状，使邺县年年获得好收成，人物解决问题的态度和方法也是人物的思想和性格特征的体现。西门豹首先通过调查了解真相，然后将计就计，"以其人之道，还治其人之身"，惩治首恶、震慑帮凶，破除迷信，最后通过兴修水利、灌溉农田改变了当地的生产生活面貌。作为一个地方官，西门豹成功治理邺县，是以他当政一方就要为民谋福的为官态度为基础的。他首先向当地的长者了解情况，这说明他是真正关心当地百姓的疾苦的；了解情况后，他采用顺势而为的方式处理问题，这体现了他的治理智慧；不动声色地解决了根本问题后，他又采取具体措施解决当地生产生活面临的实际问题，从而实现成功治理。

不难看出，这是一个典型的儒家思想认同的地方官形象：廉洁奉公、德才兼备、勤勉治理，从而为生民立命，进而达成自己为官的使命和责任。

（四）刻画人物形象的其他方法

人物传记一般要通过典型事件突出人物的特点，课文通过西门豹解决"为河神娶妇"事件时体现出来的智慧和勤勉来塑造人物形象。此外，文本通过对话、语言、行动等间接表现的方式，塑造了西门豹为百姓造福的地方官形象。在《史记·滑稽列传》原文中，作者还直接出面评价人物，肯定了西门豹的治理实绩及其对后世的影响。

（五）主题

本文通过叙述西门豹成功治理邺县的过程，塑造了一个为百姓造福的地方官形象，体现他以民为本、破除迷信、坚持朴素的唯物主义世界观的管理思想和治理智慧，为后世所称道。

二、《将相和》解读

《将相和》是统编教材《语文》五年级上册第二单元的课文，根据司马迁《史记·廉颇蔺相如列传》中的相关内容改写而成。

（一）文本类型

如前文所述，叙事性作品大体可分为两种类型，一类是情节型作品,即通常所说的以写事为主的作品,一类是人物型作品,即通常所说的以写人为主的作品。同样是写事,在两种不同类型的作品中,事件的功能是有所不同的,情节型作品中写事本身就是目的,事件的意义往往就是作品的主题;人物型作品中写事是手段,事件的功能在于体现人物的特性,作品的主题体现在对人物的认识或评价上。根据《史记·廉颇蔺相如列传》改写的《将相和》属于人物型作品,通过"完璧归赵""渑池之会""负荆请罪"三个典型事件表现人物的性格特征,成功塑造了蔺相如和廉颇的形象。

(二)事件与人物特征

文章集中写了"完璧归赵"、"渑池之会"和"负荆请罪"三件事,前两件事突出表现蔺相如的勇敢与机智,后一件事表现蔺相如顾大局、识大体的品质,同时也表现了廉颇勇于改过的精神。

1. 三件事的共同背景。

这三件事的共同背景是文章开篇第一句所说的:"战国时,秦国很强大,常常进攻别的国家。"简短的一句话暗示出赵国所处的困境与所面临的危机,而人物的鲜明特性正是通过化解危机呈现出来的。

2. 情节结构与人物特性。

从内容上看,文中所写的三件事是有联系的:完璧归赵使蔺相如立了功，被封为上大夫；渑池之会再立功，被封为上卿，于是位在廉颇之上；廉颇不服气，想找机会为难蔺相如，为避免冲突，蔺相如有意加以躲避，并说明了自己的想法，廉颇知道后感到惭愧，因此负荆请罪；最后实现了将相和，两人齐心协力保卫赵国。

从故事结构上看，三个小故事都是困境解决结构，人物的个性特征也在解决的过程中呈现出来。比如说，蔺相如的智慧与勇气就是在与秦王斗智斗勇中展现出来的，与廉颇的矛盾冲突则表现出了他顾全大局、以国家利益为重的人格魅力，负荆请罪表现了廉颇勇于改过的精神。

（三）主题

文章以蔺相如的活动为主要线索，通过三个故事层层推进，写出了将相之间从"和"到"不和"再到"和"的过程，赞扬了蔺相如勇敢机智、不畏强权、顾大局、识大体的可贵品质，也赞扬了廉颇勇于改过的精神，充分体现了赵国将相为国家不计个人得失的高尚品质。

三、《梅兰芳蓄须》解读

《梅兰芳蓄须》是统编教材《语文》四年级上册第七单元的一篇略读课文，该单元的主题是"天下兴亡，匹夫有责"，作者是李大同，选作课文时有改动。故事讲的是抗日战争时期享誉世界的京剧表演艺术家梅兰芳先生的经历。他为了躲避日本人的纠缠，藏身租界又辗转香港，深居简出，不再登台；之后，为了抵抗日本人随时随地的骚扰，蓄须明志；在没有经济来源时，不惜卖房度日，也不肯在侵略者的统治下登台；为避免在庆祝"大东亚圣战"的演出中登台，他甚至冒着生命危险打针染病；直到抗战胜利，他才剃掉胡须，重新登台演戏，受到人民群众的热烈欢迎。故事通过梅兰芳拒演过程中困难的升级和危险的加剧，彰显了他宁可牺牲艺术生命和个人生命也要维护民族气节的光辉形象。

（一）情节结构

本文仍是较明显的困境解决结构。

1.背景：交代主人公生平，引出下文（第1自然段）。

文章开篇就说"梅兰芳先生是闻名世界的京剧表演艺术家"。"闻名世界"说明了梅兰芳艺术成就的广度和高度，"京剧表演艺术家"则告诉读者京剧对梅兰芳的意义所在。后两句是转折关系，"他在舞台上唱旦角，为了演出的需要，总是把胡须剃得干干净净的。但他的一生中，有几年却是留着胡须的"。其间的转折形成较大反差，暗示发生了特别的事情，意在引发读者的阅读兴趣，同时引出下文。

2.主人公陷入困境（第2自然段）。

1937年，"视舞台为生活、视艺术为生命"的京剧大师梅兰芳，为了躲避日本人的纠缠，被迫藏身上海租界，后辗转香港，深居简出，不再登台。对梅兰芳而言，他忍受着作为艺术家不能演出、不能登台的痛苦，陷入虚度艺术生命的困境之中。

3.困境升级（第3—7自然段）。

1941年，香港沦陷后，日本司令官多次逼迫梅兰芳演戏。面对侵略者随时随地的骚扰，梅兰芳即使用尽借口也无法改变局面，只好蓄须明志，回到上海。由于长期不演戏失去了经济来源，梅兰芳准备卖掉房子用来养家。即使戏园子老板开出了优厚的条件，他也不为所动。一方面，蓄须相当于断送了艺术生命；另一方面，他的个人生活因此陷入困顿。梅兰芳不仅遭受精神折磨，物质生活也面临困境，但他的选择仍是拒绝妥协。

一次，日军要庆祝"大东亚圣战"，要求他必须上台演出。为了保证能够成功拒绝，梅兰芳请求医生朋友给他打了伤寒预防针，"为此差点儿丢了性命"。经过一系列的努力，日本侵略者的妄想最终没有实现，但艺术家的艺术生命仍处于荒废状态。

4.困境解决（第8—9自然段）。

抗日战争胜利了，梅兰芳立即剃了胡须，登台表演，受到群众的热烈欢迎，艺术之花再次绽放。"抗日战争胜利"呼应了开头。最后一段点明了梅兰芳蓄须明志的意义,并予以高度评价:"作为艺术家,梅兰芳先生高超的表演艺术让人喜爱,他的民族气节更令人敬佩!"

(二)情节结构与主题的关系

从故事结构看,这属于主人公陷入困境后,困境不断升级、危险不断加剧,最终解决困境的文本类型。在这一过程中,主人公面临的重重困难是通过多个事件呈现的,随着时间的推移,事件中的困难和危险逐步升级,主人公在突破困境的过程中,人物形象愈加鲜明,表现了宁可牺牲艺术生命和个人生命也要维护民族气节的英雄气概。

(三)相关细节与主题的关系

困境解决型情节结构以框架的方式确立了主题的核心范畴,但相关的细节还会暗示出更丰富的内涵。

细节一:"到了深夜,梅兰芳关紧门窗,拉上特制的厚窗帘,才能在寓所悄悄地细声吟唱,这对他来说已经很知足了。"私下偷偷吟唱体现了主人公对京剧无法割舍的热爱,也暗示了人物所做出的巨大牺牲。

细节二:因为长期不演戏断了经济来源,梅兰芳准备卖房,文中对戏园子老板的劝说进行了细致描写:"梅先生,您何必卖房子,只要您把胡子一剃,一登台，还愁没钱花？"从这段话读者不难看出，梅兰芳所付出的不仅是荒废艺术生命的代价，在物质生活上也遭受了巨大的损失，进一步彰显了人物的高风亮节。

细节三：文中对主人公如何成功拒绝"大东亚圣战"庆祝演出活动做了较细致的描写，从人物说的话，到找医生朋友帮忙的过程，直至日本人到其家里检查的细节，以细腻的笔触讲述了主人公为保持民族气节不惜戕害自己的身体乃至生命的动人故事。通过这些细节描写，主人公的形象愈加鲜明，故事的主题也越来越得到突显。

（四）主题

作品通过对抗战时期京剧表演艺术家梅兰芳蓄须明志、宁可牺牲艺术生命和个人生命也要维护民族气节的人物形象的塑造，表达了一位艺术家的成就不仅在于他的艺术水平，更在于他在民族大义面前的风骨的主题，同时暗示了这也是享誉世界的艺术家的人格魅力所在。

四、《我的伯父鲁迅先生》解读

《我的伯父鲁迅先生》是统编教材《语文》六年级上册第八单元的一篇略读课文，该单元主题为"走近鲁迅"。本文的作者周晔是鲁迅先生的侄女，文章写于1945年鲁迅先生逝世九周年之际。

（一）文本类型与文章结构

本文属于人物型叙事作品，文章结构是通过几件事表现人物的特性。课文开篇写年幼的"我"在伯父的葬礼上看到各个阶层的人都来吊唁，感到惊异：为什么伯父得到这么多人的爱戴？后面，"我"通过回顾自己幼时记忆中伯父的生活小事来回答这一问题，理解了伯父鲁迅先生所具有的"为自己想得少，为别人想得多"的品格，进而理解伯父受人爱戴的原因。

（二）事件与人物的特性

文中讲述了"我"和鲁迅先生的五个故事片段，有的是日常生活的片段记录，有的是谈话片段，有的则是场景描写，也有较为完整的一件事，这五个小片段展现出作者眼中伯父鲁迅先生所独有的特性。

1.谈《水浒传》：启发"我"认真读书。

在这一部分，"我"记叙了两件事，即谈《水浒传》和送书。这两件事一先一后、一详一略，主次分明。伯父以慈爱宽厚的长辈风度和诙谐风趣的话语"哈哈！还是我的记性好"，婉转地批评了"我"读书囫囵吞枣的习惯，借玩笑达到教育目的，保护了孩子的自尊心。临走时"我"收到伯父送的两本书，这一谈一送中饱含着伯父对"我"的厚爱与期待。

2.谈"碰壁"：嘲讽、抨击黑暗社会。

这一部分重点写了"我"和伯父的对话。"我"提出了一个幼稚有趣的问题："爸爸的鼻子又高又直，您的呢，又扁又平。"伯父乐观幽默地回答："你想，四周黑洞洞的，还不容易碰壁吗？""碰壁"这一比喻蕴含着丰富的内涵。了解了当时的社会背景和鲁迅的为人，就能够体会到鲁迅先生是在述说当时自己受限制甚至受迫害的工作、生活状态。"他曾经两次被国民政府通缉过"，他的生活处处不顺利，但是这种不顺利在鲁迅看来并不可怕，甚至可以用来和小孩子开玩笑，由此体现出主人公对困难、对敌人的轻蔑，以及豁达自信的生活态度。

3.燃放花筒：享受天伦之乐。

除夕夜，"我"爸爸和伯父轮流放烟花，小孩们兴奋地躲在门后看，"我突然注意到他脸上的表情，那么慈祥，那么愉快，眉毛，眼睛，还有额上一条条的皱纹，都表现出他心底的欢笑来。那时候，他脸上充满了自然而和谐的美，是我从来没看见过的。"这里对主人公笑容的描写，不同于人们印象中鲁迅严肃冷峻的样子。这段描写让人体会到鲁迅先生在平时乃至在作品中之所以表现出一种冷峻的风格，并不是因为他本人是个冷漠或者冷酷的人，他完全不缺乏感受和表达人伦之爱与温暖的能力，只是身边有更重要的事情需要关切，这个社会有更重要的问题需要解决，他宁愿放下对天伦之乐的享受，投入艰难的斗争。在这样的过程中，他放弃了很多本应轻易就能享受的东西。

4.救助车夫：同情、关心劳动人民。

这部分通过一个完整的事件，表现了鲁迅对劳动人民的一颗赤诚爱心，以及对不平等社会的激愤之情。

文章写了"救助车夫"的细节——扶着、蹲着或者半跪着，伯父亲自用硼酸水帮车夫把受伤的脚洗干净，这突出地表现了鲁迅先生尊敬劳动人民的感人形象。

救助车夫后，"我"天真地问："这么冷的天，那个拉车的怎么能光着脚拉着车在路上跑呢？"鲁迅先生表情严肃，枯瘦的手按在侄女头上半天没动，最后深深地叹了口气。这与先前他的风趣、幽默、谈笑风生形成了鲜明对比，体现了鲁迅先生对贫苦百姓真切的同情与关心，以及对社会现状的无尽忧虑。

5.女佣谈伯父：病中写作，关心他人。

这一部分是借女佣阿三之口表现出来的，表面上一笔带过，实际上直接顺承了结尾的"的确，伯父就是这样的一个人，他为自己想得少，为别人想得多"。这里的别人已经不只是女佣阿三，而是身边的所有人以及看似和自己无关的一切人。鲁迅先生这样富有情怀的人注定会被人们敬爱，所以才会出现文章开篇描述的数不清的人前来祭奠的场景。

（三）文章结构与主题的关系

从结构上看，这是一篇采用倒叙视角的回忆文章，从鲁迅逝世、万众哀悼写起，然后触景生情地转入对伯父生前点滴的回忆，最后总结了伯父是一个怎样的人，点明主题。五个片段看似并无紧密联系，实则角度不同，把鲁迅先生在家庭中的亲切长者形象、关切下层劳动人民的有良知的知识分子形象和对待当时黑暗社会的战士形象展现在读者眼前，在阅读过程中前后联系、相互映照，才能把鲁迅先生的形象解读得更丰满、更有深度。

（四）相关细节与主题的关系

文章中的很多细节反映出了更丰富的内涵，如谈《水浒传》的部分，伯父在委婉风趣地教育"我"认真读书之后，送了"我"两本书，一本是《表》，一本是《小约翰》。《表》是鲁迅先生翻译的苏联作家班台莱耶夫的童话作品，写的是一个有着不良行为的流浪儿经过劳教成长为一个富有同情心和责任感的新人的故事。《小约翰》是鲁迅先生翻译的荷兰作家拂来特力克·望·蔼覃的童话作品，被鲁迅称为"无韵的诗，成人的童话"，是一部颇有深意、意象开阔的童话作品。这两部译作体现了鲁迅进步的儿童观以及"立儿童"的社会启蒙思想。可见鲁迅先生时刻想着"救救孩子，帮助孩子"，才翻译了这两本书，送"我"书的行为更是饱含着对"我"这个晚辈的期许和关爱。

此外，文中描写了五次伯父的笑，谈《水浒传》时伯父摸着胡子，自嘲自己的记性好；谈"碰壁"时也是笑着的，最后使得众人也哈哈大笑起来；燃放花筒时发自心底的欢笑更是令人印象深刻。这让我们既看到了战斗的鲁迅先生，更看到了"微笑的伯父"，这篇文章把那个高高在上、有距离感的战士鲁迅，拉近为一个真实的、可亲的伯父鲁迅，正是由于内心对家人、对晚辈、对他人、对社会充满了关爱，鲁迅充满讥刺的冷峻作品才会永远带给人们温暖和希望。

（五）主题

这是一篇回忆性写人散文，作者以童年视角观察和感受伯父鲁迅先生的日常生活片段，从小处落笔，选择能够突显伯父鲁迅先生个性特征和精神品性的五件事，从不同角度展现了一个立体、丰满的鲁迅先生，表明日常生活中的鲁迅是一个风趣幽默、乐观豁达、关爱晚辈又亲切和蔼的普通长者；同时，又表明他是一个关爱劳苦大众、具有强烈社会责任感的高尚的知识分子，从而表达了作者对鲁迅先生的怀念、热爱和敬仰之情。

五、《跨越百年的美丽》解读

《跨越百年的美丽》是人教版《语文》六年级下

册第五单元的课文，本单元主题为"科学精神"，作者梁衡。本文塑造了居里夫人的感人形象。

（一）文本类型

本文为人物型叙事作品，人物型作品的结构通常是围绕人物的特性来组织内容。人物的刻画包括直接形容与间接表现两种方式，在直接形容方面，本文多处运用概括性及议论性词语直接对居里夫人进行评价，在间接表现方面则通过外貌、语言、神态、行动等方面的描写呈现居里夫人的品格特性。直接形容与间接表现相结合，理性描述与感性再现相结合，也使文章具有一种独特的美。

（二）文章结构

本文围绕题目中的"美丽"一词构建结构，第一部分开门见山，引起读者注意，点出"美丽"的表层意义；第二部分点出"美丽"的深层表现，扣住"美丽"的不易来展开叙述；第三部分侧重评价居里夫人人生境界的"美丽"，将美丽上升到人格的高度。纵观全篇，事件的叙述与道理的阐释交织在一起，引领读者逐渐走近人物，由表及里地感受居里夫人的美丽。

1. 庄重形象之美。

文章开篇，作者用直接形容的方法，为我们勾勒出居里夫人的美丽形象，"一袭黑色长裙""年轻漂亮""神色庄重""白净端庄的脸庞""坚定又略带淡泊的神情""微微内陷的大眼睛",这些描写使居里夫人那庄重、坚定、淡泊又睿智的形象浮现在读者面前,尤其是"那双微微内陷的大眼睛,让你觉得能看透一切,看透未来",表现出居里夫人的智慧。不难看出,文章开篇就把居里夫人的外在形象和内心世界勾连了起来,最终产生了一气呵成的效果。

2.科学精神之美。

接着,作者向我们展示了一位好奇、爱问、爱思考、碰到问题一定要溯本求源的居里夫人。她的科学精神表现在两个方面。一是溯本求源的探究。居里夫人善于思考和发现,伦琴发现X射线之后,贝克勒尔发现了天然放射性,居里夫人对这些表面上的偶然提出了新的思考:其他物质有没有放射性?居里夫人决心闯进这个领域,要在偶然中寻找必然,并发现其中的规律。二是坚定执着的追求。面对艰苦、简陋的实验条件和恶劣的实验环境,居里夫人和丈夫一起克服重重困难,没有抱怨,没有气馁,有的只是对科学的执着追求。

3.品格之美。

丈夫皮埃尔早逝,社会上对女性充满歧视,实验工作以及放射线对身体的侵蚀显而易见,居里夫人仍以坚毅、顽强和不屈的精神追求着科学真理。最终,居里夫人既完成了自然科学的重大发现,也实现了自己的人生价值。她的坚定品格闪烁着美丽的光辉。

4. 科学成就之美。

居里夫人在科学道路上用汗水、心血和牺牲换来了一个个辉煌的成就。她在科学上做出的伟大功绩具有划时代的意义，是一块"里程碑"，将永远闪烁着美丽的光芒。

5. 人格之美。

面对获得的各种奖金、奖章和名誉头衔，居里夫人完全不以为意，将它们捐赠给需要的地方，或是视同儿童玩具，她的淡泊名利也是其无私人格的体现，她把自己的科研成果看作全人类的共同财富。

综上所述，作者选取居里夫人生命历程中的几个典型片段来展开文章，由表及里、层层深入地展现了居里夫人的人格之美。

（三）主题

本文选取典型事例，刻画了居里夫人的美丽形象，她在科学研究领域执着、进取，永葆一种理性的美丽。居里夫人对科学的追求与献身科学的精神是超越物质的，只有这样的美才能永恒。

第三节　叙事散文解读案例

　　叙事散文属于纪实类叙事作品，从文本类型来看，既有以写事为主的情节型作品，也有以写人为主的人物型作品。叙事散文多采用第一人称叙述视角，讲述"我"对事件的观察、体验与行为，抒发"我"的情感，传递某种认识或体悟。叙事散文往往能体现创作者的鲜明个人特征，并包含一定的叙事技巧，因此在把握主题方面有一定难度。本节所选篇目多为教学中有一定解读难度、在叙事结构上有一定代表性的叙事散文。《梅花魂》《挑山工》《迟到》《钓鱼的启示》为小学教材中的文章，《散步》《秋天的怀念》《走一步，再走一步》《阿长与〈山海经〉》为初中教材篇目。八篇文章注重从叙事结构和技巧的角度探索文章的主题内涵，有助于扭转叙事散文解读中的随意性、感性化倾向，强化叙事散文解读的逻辑性和方法论导向。

一、《梅花魂》解读

　　《梅花魂》是统编教材《语文》五年级下册第一单元的一篇略读课文，作者陈慧瑛。作者以回忆的方式叙述了自己小时候与外祖父共同生活直至分别的经历中的五件事。一是外祖父教"我"读唐诗，吟诗落泪；二是因"我"弄脏墨梅图而发脾气；三是因不能回国而失声痛哭；四是嘱咐即将归国的"我"保存墨梅图，以梅明志；五是上船追赠"我"血梅手帕。对上述五件事的归纳还只停留在语义表层，下文将从叙事学视角解读文本的深层意义，进一步走近人物独特的情感世界。

（一）文本类型

前文我们指出过，叙事性作品有情节型与人物型之分，也就是可以分为传统上我们所说的以记事为主的记叙文与以写人为主的记叙文。情节型叙事作品以情节组织内容，强调人物做了什么；人物型叙事作品按人物特性组织内容，事件为表现人物特性服务，强调人物是怎样的，《梅花魂》属于后者。对人物型叙事作品中人物特性聚合的基本原则或方法，我们在前文也进行了梳理，下面就从这一角度来解读《梅花魂》。

（二）对人物的直接形容

直接形容指的是在文本中用特定的词把人物的特性直接说出来。本文在开头和结尾处都有对外祖父特点的直接表述。文章开头第一句话是："故乡的梅花又开了。一年一度，那朵朵冷艳、缕缕幽芳的梅花，总让我想起漂泊他乡、葬身异国的外祖父。"这里"漂泊他乡、葬身异国"，是对外祖父的独特性的直接形容，说明了外祖父的华侨身份。文章结尾最后一句话是："我带走的，是身在异国的华侨老人一颗眷恋祖国的赤子心啊！"其中"眷恋祖国的赤子心"也是对外祖父独特性的直接表述。

（三）对人物的间接表现

间接表现指的是不直接指出人物品性的某一特点，而是用其他方式呈现或暗示，让读者自己去推测其中隐含的人物特征，具体手法包括对人物的行动、语言、外表及所处环境进行描写，以及通过描述人物与物、与人的关系来提示人物的特征。

《梅花魂》比较突出的特点是通过事件表现外祖父的思乡爱国情怀。作者以回忆的方式叙述了自己小时候与外祖父生活直至分别的经历中的五件事。

第一件事出现在文章的第二自然段，作者寥寥数语即向读者展示了外祖父的身份与特点：旅居东南亚，年轻时受中国传统文化浸润，即使到了海外，依然保持中国的生活方式并努力传承中华文化。接着，作者采用儿时的视角，描述外祖父在教自己读思乡诗时落泪的情景，将外祖父独特而隐秘的情感世界巧妙地展示出来，无边的乡愁是外祖父情感世界的基调。

文章接下来写了第二件事，"我"因为在墨梅图上留下了一个小脏手印而引起外祖父"大发脾气"，"有生以来，我第一次听到他训斥我母亲"。而平时，"我"

偶尔摆弄他的古玩，外祖父是不甚在意的，为什么弄脏墨梅图竟会引发外祖父情感世界巨大的波澜？

第三件事是当"我"与母亲即将回国，而外祖父不能回国时，他竟像小孩子一样"呜呜呜"地哭起来。一个老人竟像一个小孩子一样哭，这也不是常态的表现。

第四件事是外祖父交给"我"那幅墨梅图。老人将这最宝贵的墨梅图交到"我"手中时，是带有仪式感的：一切都显得那样地郑重——在郑重的时间（"外祖父早早地起了床"）、郑重的地点（书房里），外祖父将郑重包裹（用杭白绸包着）的墨梅图交给"我"，在嘱咐"好好保存"的同时，郑重地解释"梅花的秉性"。

最后一件事是船快开了时，外祖父追着送给我一块手帕——"雪白的细亚麻布上绣着血色的梅花"。

通过对五件事背后的情感和象征意义的挖掘，我们得以接近一个风烛残年的海外游子的内心世界，思乡之情是老人在海外生活的情感基调，在老人的生命接近尾声时达到顶点，因此，老人选择以梅花图和梅花手帕来代表自己与祖国的血脉相连，使之代替自己魂归故里，由此暗示出老人对祖国的热爱。

在叙述这五件事时，梅花的意象得到突显。

从全文结构来看，文章以"梅花魂"为题，开头即写故乡梅花的盛开使"我"想起"漂泊他乡、葬身异国的外祖父",这时的梅花"朵朵冷艳、缕缕幽芳"。弄脏墨梅图一事中,外祖父说梅花是"清白"的,不能随便"玷污"。把墨梅图交给"我"时,梅花变成了民族品格的象征,应该说拥有这品格也是外祖父对成长中的"我"的期待。外祖父送给"我"的手帕上是"血色的梅花",这梅花已成为外祖父个体生命的象征,随"我"回乡的梅花手帕使外祖父获得了魂归故里的莫大安慰。这时再回头看开头"朵朵冷艳、缕缕幽芳"的梅花,文章主题彰明较著。

最后,所有内涵均渗透在文章的标题"梅花魂"中,所谓"梅花魂",就是"最有品格、最有灵魂、最有骨气"的中国人的精神,就是无论离开多久或多远,都对祖国念念不忘的精神,是祖国的传统文化滋养了这样的精神和这样的人民。

(四)叙述视角与叙事时间

简单地说,叙述视角指叙述者以何种角度观察和讲述故事。《梅花魂》的叙述视角有两个:一个是成年的"我",即当下的作者;一个是与外祖父生活在一起的儿时的"我",叙事时间也相应地既有当下也包含过去。文章以当下的"我"的视角起笔,回顾过去的生活时,则很自然地切换到儿时的"我"的视角。

成人与儿童两个视角的运用拉开了感受与理解的距离,这个距离即是作者由儿时"不懂"外祖父至成长后"懂得"、理解外祖父的历程,呼应了在外祖父影响下自己精神生命成长的历程。

本文的五个事件全部以儿时的视角叙述,但作为孩子的"我",即便能观察,也会感受,却未必能理解,这种不理解更彰显了久在异乡的外祖父内心的孤独与寂寞。

文章结尾,作者收起回忆,转到当下时空,"当年的我,还过于稚嫩,并不懂得",当作者历经岁月洗礼与种种磨难后,再次面对外祖父留给自己的梅花图与手帕,作者与外祖父完成了一次跨越生死、超越时空的对话,这时作者终于明白:"我带走的,岂止是我慈爱的外祖父珍藏的一幅丹青、几朵血梅?我带走的,是身在异国的华侨老人一颗眷恋祖国的赤子心啊!"这表明成人后的"我"终于对外祖父达成了深深的理解。

本文通过儿童视角与成年视角的交叉叙述,时间安排上的倒叙及写作技巧上的首尾呼应,突出表现了外祖父作为海外赤子眷恋祖国的深厚情感,同时也表达出作者对外祖父的理解与思念。

二、《挑山工》解读

《挑山工》是统编教材《语文》四年级下册第七单元的《"诺曼底号"遇难记》课后"阅读链接"中的阅读材料。《挑山工》是一篇叙事散文,作者是冯骥才。文章讲述的是"我"去泰山时注意到有挑山工肩挑重物行于山道上,由于走折尺形路线,他们登一次山走的路程大约比游人多一倍,花的时间却并不比游人多。"我"心生困惑,通过与挑山工攀谈,知道了其中原委。挑山工并没有什么近路,但不像游人那样走走停停,走长了就显得比游人快。"我"受到启发,画了一幅画,以此激励自己。

(一)事件结构

《挑山工》中所叙述的事件,从结构上看是比较典型的发现型情节结构,叙述者"我"经历了一个由心生困惑到释然解惑,再到受到启发的过程。

1.心生困惑(第1—2自然段)。

"我"的困惑始于见到挑山工的登山路线:他们身负重担,走折尺形路线,登一次山走的路程比游人多一倍,花的时间却并不比游人多。游人屡屡从他们身边掠过,把他们甩在后面,但他们不知什么时候就走到游人的前面去了。这是为什么呢?

2.困惑加深(第3自然段)。

"我"通过实例证明上述困惑是事实,而非错误的认识:"我"在一次登泰山的时候,在山脚下与一个挑山工同时出发,他"扁担一头拴着几张木凳子,另一头捆着五六个青皮西瓜","我"和同伴很快越过了他,可是在回马岭歇脚的时候发现那个挑山工在对面的草坪上抽烟。再次差不多同时启程后,"我们"很快把他甩在后边,可当"我们"到达五松亭的时候,"我们"发现那个挑山工正在对面的古松下整理挑子。两次相遇,"我们"走的速度明显比挑山工快不少,可他总能跟"我们"同时歇脚,这使得"我"心中的困惑再次升级。

3.困惑解决(第4—6自然段)。

"我"无法抑制自己的好奇心,走过去与挑山工攀谈。"我"说了自己的困惑和怀疑:你们是不是有近道?挑山工否认了有近道,并解释了为什么走得不比游人慢。"我"认为挑山工的话很有道理。

4.受到启发(第7自然段)。

挑山工说的话对"我"产生了很大影响,"我"明白了其中的道理,画了一幅画来激励自己。

(二)事件结构与主题的关系

《挑山工》事件呈现的是主人公"我"所经历的困惑—释惑过程,挑山工解释了他登山似慢实快的道理,简单说就是脚踏实地,一个劲儿往前走:

> 我们哪里有近道,还不是和你们走的同一条道?你们肩膀上没有挑子,是走得快,可是一路上东看西看,玩玩闹闹,总得停下来嘛!我们跟你们不一样,不像你们那么随便,高兴怎么就怎

么。一步踩不实不行，更不能耽误工夫。我们得一个劲往前走。别看我们慢，走长了就跑到你们前边去了。

挑山工的这段话，解释了"我"的困惑，并使"我"领悟到更深的哲理，"我心悦诚服地点着头，感到这位山民的几句朴素的话，似乎包蕴着意味深长的哲理"。文章结尾处，作者用画作再次点明文章的主题。

作者体味到的是怎样的哲理，又为何需要它呢？这些问题文章中并没有给出明确的答案，需要读者结合自身体验与经历去思考。

如果我们将自己的人生之路与挑山工所走的登山之路关联起来理解，挑山工的回答就具有了隐喻意义，读者结合自身的经验可以领悟到，在人生路上没有捷径可走，只有心无旁骛、专心向前，不被诱惑吸引，不放弃努力，不怕一时的慢，坚持一个劲儿地向前，才能达成自己的目标。

（三）挑山工形象对主题的强化作用

除了通过困惑—释惑的事件结构表现主题外，作者还运用外貌、服饰、行动、语言、神态等细节描写刻画出挑山工积极乐观、充满活力的形象。

作者开篇就刻画了一幅泰山挑山工的群像，在这幅群像中，挑山工利落、干练，有突出的职业技巧。在文章的第3自然段，作为个体的挑山工出现在"我"的视野中，"矮个子，脸黑生生的，眉毛很浓，四十来岁，敞开的白土布褂子中间露出鲜红的背心。他扁担一头拴着几张木凳子，另一头捆着五六个青皮西瓜"。挑山工给"我"的感觉是强壮、朴实，白褂子、红背心的搭配很耀眼，那抹红色仿佛有生命，直接进入人们的眼帘。第二次相遇时，作者通过对外貌、服饰细节及语言的描写，展示出挑山工淳朴、爽朗及乐观的生命姿态："等到爬上半山的五松亭，我们看见有个人在那株姿态奇特的古松下整理挑子，那正是他。他把褂子脱掉了，光穿着红背心，现出健美的黑黝黝的肌肉……这位山民倒不拘束，挺爱说话。他告诉我，他家住在山脚下，他天天挑货上山，干了近二十年了，一年四季，一天一个来回。"这段描写让我们看到了一个性格开朗、直爽的挑山工。如果说初次听到"挑山工"这个词我们感受到的是这种工作的艰辛甚至卑微的话，现在我们看到的就是力量，是那种在我们的传统文化中极受推崇的阳刚之气。

在结尾处，作者通过描述自己的画作，也对挑山工形象进行了凝练，"在陡直的似乎没有尽头的山道上，一个穿红背心的挑山工给肩头的重物压弯了腰，他一步一步地向上攀登"。这就是挑山工精神的写照，那条陡直的似乎没有尽头的山道，也是一条充满挑战的人生之路，那一抹红色则象征着不屈的生命的活力。

作者笔下的挑山工就这样活泼泼地呈现在读者眼前。他在整个登山过程中没有疲态、没有抱怨，憨厚淳朴中流露出快乐和坚定，他挑起的不是沉甸甸的货物，不是沉重的生活，而是充满自信、充满阳刚之美的人生。他这种昂扬向上、充满活力的形象，使得他口中说出的哲理极具感染力，鲜明地烘托出文章主旨。

（四）第一人称叙述视角的作用

叙事学学者认为，真正的主人公是叙述者，而不是他的任何一个人物。这句话对第一人称叙述的散文来说尤其适合。从叙述视角及叙述者层面来看，散文多以第一人称"我"的视角来观察、感知和叙述事件，"我"是"真正的主人公"，"我"的所见所闻、所思所悟即是散文的主旨所在。《挑山工》以"我"的视角呈现了挑山工淳朴乐观、昂扬向上、坚定自信的精神形象。从表面来看，《挑山工》的主人公就是"挑山工"，但挑山工的乐观形象和强劲生命力是通过"我"的视角呈现出来的，这是对"我"的生命观的折射，这种体悟强化了挑山工形象的动人力量。

此外，由于散文具有写实性特点，散文中的叙述者"我"常被视为作者本人，本文的确如此："这篇散文写于1981年，正是我写作的鼎盛期。那年我写了70万字，有点发狂。大概那时我最需要挑山工背重百斤、着力攀登的精神。"①这是作者冯骥才在回忆当年《挑山工》一文创作缘起时谈的，从这句话中可以看出，当时作者处于职业生涯飞速发展时期，"有点发狂"，此刻的生命状态急需另一种精神来平衡。挑山工负重前行、脚踏实地、着力攀登、淳朴自然的生命状态正是当时作者最需要的，作者由此创作了这篇《挑山工》。

散文采用第一人称叙述视角，有利于作者直抒胸臆，表达对人生、对社会的领悟，这种基于真情实感的创作尤其能打动读者，使散文作品散发出独特的魅力。

三、《迟到》解读

《迟到》一文节选自中国现代著名女作家林海音的小说《城南旧事》中的最后一篇《爸爸的花儿落了》，收录在北师大版《语文》五年级上册第七单元。此文是自传体小说的一部分，具有一定的叙事散文特征。《迟到》一文用回忆的方式讲述了"我"上一年级时有赖床的毛病，因此经常迟到。一天下雨了，"我"又面临迟到，这次竟想索性逃课不去上学了。爸爸

---

① 冯骥才：《泰山挑山工纪事：简装本》，作家出版社，2016，第30页。

得知后,用鸡毛掸子打了"我","我"被迫去上学。之后,爸爸赶到学校给"我"送夹袄和铜板,从此"我"改掉了上学迟到的毛病。

(一)事件结构

总体来看,本文结构仍是较为典型的困境解决结构,只是困境解决的方式尤为动人。

1.陷入困境。

"我"上一年级的时候,因为懒惰经常迟到被罚站,但又有自尊心,知道害羞,所以每天早上"又愁又怕"地去上学,由于没有改变的意识,这形成了周而复始的循环,"我"陷入迟到困境。

2.困境加深。

一个大雨的早晨,"我"又起晚了,面对上学前烦琐的准备工作,想到上学后的严重后果,年幼的"我"不顾母亲的催促,"勇敢地赖在床上不起来",决定不去上学,将"懒惰"的缺点不自觉地升级为严重的"逃学"错误,突破了以往固有的循环,也引起了爸爸的关注。

3.困境顶点。

父亲面对"我"的逃学,一改往日的不介入,先是命令"我""起",然而任性的"我"完全忽视了父亲的底线,面对父亲严厉的警告"居然有勇气不挪动",催化了事件向恶性发展。

4.困境解决方法。

父亲被"我"彻底激怒，拿起鸡毛掸子打"我"，最终"我"带着伤痕被迫去上学。"我"挨打后到学校，虽然迟到了，但是没有被罚站，在和大家一起"静默"的时候，父亲赶到学校为"我"送夹袄和铜钱，缓解了"我"的委屈，也让"我"感受到父亲严厉背后的那份深沉的爱，这一次的迟到与以往相比，变得截然不同。

5.结局。

"后来怎么样，我已经不记得了"，但自那以后，"我"由原来的周而复始的迟到，变成了最早到校的学生。那次迟到成为一个转变的契机，促成转变的是爸爸的严厉，更是他严厉背后的深深的爱。

（二）事件与主旨的关系

文章以清晰的事件组织全文，是典型的情节型叙事作品，文章的主旨也渗透在事件的脉络中。对困境解决型的作品，把握文章主旨要关注如下几个关键点：谁陷入怎样的困境，谁解决了困境，是如何解决的，方法怎么样。阅读者顺着这些关键点思考的过程，就是向主旨靠近的过程。小学生在理解本文时可能会认为父亲通过打"我"解决了"我"的迟到问题，而忽略了父亲对"我"的爱以及"我"是如何陷入迟到困境的。教师在教学中常常强化父亲对"我"

的爱，而往往忽视了"我"的困境。把握困境解决结构，有助于全面理解作品的主旨。

首先，主人公由迟到至逃学，展示出一个儿童面临的任性而为，无力走出舒适圈的困境。其次，父亲用打和逼的方式推动"我"获得了突破困难的体验。第一个新体验是下雨天迟到，"我"没有被罚站；第二个新体验是老师引导"我"反思自己的行为。第三个新体验是父亲到学校给"我"送来花夹袄和两个铜板，让"我"感受到深沉的爱意。最后，"我"在父亲理性的爱的帮助下发生了转变，在困难面前，态度由任性、退缩转变为积极、主动。"我"由原来又愁又怕地奔向学校，变成带着自在、轻松、主动、高兴的心情上学，把上学当成了一种享受。由此我们清晰地看到一个孩子成长的过程。

综合起来看，作品的主旨是，"我"在作为一个孩子时曾经把一个困难想得过大、过难，选择用逃避的形式面对它，爸爸则教导"我"采取直面而不是退缩的方式迎接困难，虽然爸爸采用打的方式强迫"我"直面困难，显得有些粗暴，但后来"我"通过爸爸给"我"送夹袄和铜板的事，领悟到爸爸如此严厉是为帮助"我"克服自己人生路上遇到的困难，帮助"我"学会面对困难、学会成长。困境解决结构帮助读者将思维聚焦于人物陷入怎样的困境，在谁的帮助下解决了困境，是如何解决的，解决的效果怎么样。

这样的思维路径有助于读者从整体上全面理解作品的主旨。

（三）节选部分与全篇的关系

将节选部分放回《爸爸的花儿落了》中，可以检验上述主题与文章整体意思是否一致。原文中讲述的"银行寄钱""毕业发言"等一系列事件中，爸爸都在帮"我"树立在困难面前硬着头皮闯过去的人生观、价值观。正因为有这样的锤炼，所以在得知父亲去世时，作为一个小学刚刚毕业的孩子，"我"能够镇定、安静地接受命运的安排，用年少的肩膀担起家庭的责任，这是父亲教诲的结果。在困难面前不退缩，勇敢地闯过去，这是父亲给予"我"的教诲，也是"我"对父亲人生观、价值观的传承。可见，上述对《迟到》主旨的理解与全篇主旨是相互呼应的。

（四）第一人称与儿童视角对表现主题的作用

林海音的作品最突出的特点就是以儿童视角展开叙事。这主要源于她内心深处有着对父亲在世时幸福、快乐的童年时光的回忆。但随着十三岁时父亲的离世，这一切戛然而止，林海音的生活色彩彻底改变了。这份童年情结挥之不去，因此她在作品中，总是以儿童的眼光去看世界，通过孩子的观察和透视，揭示为成人所难以体察或忽略的生存景观。本文是据林海音的亲身经历所写，在写这篇文章时她已是成人，但她仍用第一人称，用六七岁的自己的视角再现这件事，用孩子的视角看父亲和老师，展现作为孩子的"我"内心情感的变化。随着情节的发展，呈现给读者的是一个孩子在父亲给予的帮助下成长的历程，人物形象有血有肉，真实而鲜明。

四、《钓鱼的启示》解读

《钓鱼的启示》的作者是美国著名建筑师詹姆斯·勒菲斯特，入选北师大版《语文》四年级上册第八单元，单元主题为"规则"。本文也入选人教版《语文》五年级上册第四单元。两篇选文在叙述人称上有差别，前者为第三人称叙述，主人公为小詹姆斯；后者为第一人称叙述，主人公为"我"。本次文本解读参考的是北师大版课文。

故事写小詹姆斯和父亲到湖心小岛去钓翻车鱼，却钓上来一条足有10斤重的鲈鱼。距离鲈鱼开放捕捞的时间还差两小时，父亲要小詹姆斯把鲈鱼放回到湖里去。小詹姆斯看到四周无人，不肯放鱼，在父亲毫无商量余地的要求下，小詹姆斯不情愿地将鲈鱼放了。后来，小詹姆斯再也没有钓到这么大的鲈鱼，但是每当他面对诱惑时，他就会想起这条鱼，他因此能够在无人监督时也坚守规约。詹姆斯为此感到骄傲，并希望把这份骄傲传递给子子孙孙。文章向读者展示了欲望与规约之间发生冲突的时候坚守规约的艰难性及重要性。

（一）事件结构

本文是一篇比较典型的情节型叙事作品，结构为问题解决结构。

1. 背景。

故事发生的时间是一天傍晚，地点是河边，小詹姆斯和爸爸一起钓鱼，小詹姆斯的爸爸是钓鱼高手。

2. 面临问题。

小詹姆斯经过两个小时的激战，钓到一条足有10斤重的大鲈鱼，爸爸和小詹姆斯激动万分，但距离允许钓鲈鱼的时间还有两小时。

3. 问题解决。

爸爸让小詹姆斯放掉鲈鱼，小詹姆斯看四下无人，不肯放鱼。爸爸命令小詹姆斯放鱼，小詹姆斯含泪把鱼放回水中。

4. 结局。

三十四年来，詹姆斯再也没有钓到那么大的鲈鱼，但是那条鲈鱼总是在他面临诱惑时出现在他的脑海中，使他能够在无人看到时也坚守规约，他为此而感到骄傲。

（二）事件与主题的关系

从上文的归纳中可以知道，《钓鱼的启示》的事件结构中有这样几个关键点：故事的背景是主人公小詹姆斯喜欢钓鱼，而且经过努力钓上一条大鲈鱼，但因离可以钓鲈鱼的时间还差两个小时，主人公面临着选择。这就是问题解决结构中问题的部分。在规约面前，小詹姆斯不想放鱼，一是因为这是这个孩子作为钓鱼爱好者在自己的努力下钓到的最大的鱼；二是因为虽然有这样的规则，但周围并没有人。然而他的父亲坚持让他放鱼。问题解决的结果是大鱼被放走。

对父亲的解决问题之道，詹姆斯成年之后有了更深刻的领悟："道德问题虽然只是一个简单的正确或错误的问题，但是实施起来却有一定的难度，特别是当你面对着很大的诱惑的时候。"成年后的詹姆斯不仅领悟到父亲的坚守对人生的意义，更如当年父亲一样，践行这一原则，让自己的人生走向成功，并且将这个道理传给下一代。文本中叙事的重点主要是在诱惑面前，自觉遵守规则有多么艰难，展示了欲望与道德发生冲突的时候坚守道德规约的艰难性及重要性。

（三）象征手法与主题的关系

象征手法是叙事修辞的手段之一，指的是叙述者借助叙事结构中的某一部分或整体，利用它们与经验世界的关联，含蓄形象地表现某种比较抽象的思想观念。本文恰当运用多处富有暗示性及象征意义的叙述手法，通过放走大鱼的事件表达了遵守道德规约的主题，使用的手法包括人物年龄的暗示、故事空间的象征以及具体物象的隐喻等。

1. 人物年龄的暗示。

故事开篇先交代小詹姆斯的年龄是十一岁，暗示小詹姆斯这个年龄的孩子有了规则意识，但还没有形成成熟的对社会规则的认识和自我约束力。

2. 故事空间的象征。

本文具有象征意义的空间环境描写出现在故事高潮部分。小詹姆斯钓到一条大鲈鱼，但离规定的钓鲈鱼的时间还有两小时，而当时的空间环境是："月光下，没有一个垂钓者，也没有一条船……"这一环境既是对小詹姆斯违反规则的诱惑，同时"没有一个人会知道这件事"也构成了无人监督的象征性环境。

3. 具体物象的隐喻。

《钓鱼的启示》中，鱼成为事件发生、发展及产生影响的载体。随着故事的展开，鱼所代表的意义不断变化，由物象转化为作为隐喻的意象。"大鲈鱼"对小詹姆斯来说是愿望、欲想、梦想的代表。当父子俩发现距离允许钓鲈鱼的时间还有两小时时，大鱼转义成规则的化身，放掉大鱼就是遵守了规则，反之就违反了规则。在后来的三十四年里，出现在主人公眼前的"大鱼"再次转义成为一种道德规约，警示着他在

"没有一个人会知道这件事"的时候抵制诱惑、自觉坚守道德规约。

五、《散步》解读

《散步》是统编教材《语文》七年级上册第二单元的课文,单元主题为"亲情",作者是莫怀戚。

(一)情节结构

作为叙事性散文,《散步》情节虽不算曲折,却是比较典型的情节型叙事作品。具体表现为事件中包含比较明确的困境解决结构。

1.出现困境。

散文开篇就把读者带到"我"的两难处境中。一家人在初春的田野里散步,在走哪条路的问题上产生了分歧。母亲选择走大路,年迈体衰的她刚刚熬过了一个艰苦的寒冬,她的身体只允许她走大路,因为大路平顺;儿子选择走小路,因为小路有意思。

2.困境解决。

这一分歧就是摆在"我"面前的难题。在一番思量后,"我"决定委屈儿子,顺从母亲走大路。"我"为什么用这样的方法解决这个问题?理由是"我"认为伴随儿子的时日还长。从文中信息可以推断得出,这里隐含的意思是"我伴同母亲的时日已短"。后来,母亲改变了主意,决定走小路,并且建议在走不过去的地方，就由"我"背着过去。

3.结局。

一家人最后走了小路，在不好走的地方，"我"背起母亲，"我"的妻子背起了儿子。

（二）情节结构与主题的关系

作者莫怀戚曾在《〈散步〉的写作契机》一文中说："这是一次真实的散步，有真人真景及部分真事（细节）"，但是"为了突出'责任感'，特意改造出歧路之争，由我裁决，不能两全这个重要细节。事实是有歧路，无争执——祖母宠孙子，一下子就依了他。但不加改造，无以产生表现力"①。所谓的"改造"在这里就是作者运用困境解决情节构造原则对事实进行了加工。通过构造困境解决结构，作者的写作意图在解决困境所用的方法及方法背后的想法中呈现出来。读者要想理解作者的写作意图，需透过事件或情节中解决困境的方法这条路径，联系自己的生活，从中汲取经验教训或者获得生活启示，进而理解作品的主题。

"我"之所以选择顺从母亲走大路，是因为"我"深切地感到母亲来日无多，十分珍视母亲日渐衰老的生命。读者可以从"我"选择走大路背后的想法中推断得出"我"对老去生命的尊重。后来，母

---

① 莫怀戚：《〈散步〉的写作契机》，《语文学习》1995年第3期。

亲改变了主意,又提出另一个解决问题的方法,即走小路,在走不过去的地方,就由"我"背着过去。一家人最后走了小路,在不好走的地方,"我"背起母亲,"我"的妻子背起了儿子。在新的解决问题的方法中,作者领悟到,作为中年人,在传承生命、珍视老去的生命、保护幼小的生命上,应具备力量和责任感。

(三)叙述视角与主题的关系

散文的叙述视角多为第一人称体验视角,叙述者"我"不仅是事件的观察者、参与者、体验者,也是事件的叙述者。因此,从叙事学角度来看,散文中的"我"是最重要的人物。"我"的所见所闻、所思所感直接与文章的主题相关。如果只看散文中的事,而忽略散文中的"我"对事的感受,很容易导致对主题的理解偏差。

《散步》的教学设计中,有很多将主题定位为尊老爱幼、孝顺等,这类主题往往只是依据事件中人物的行动而推断出来的:"我"决定顺从母亲,走大路;母亲决定依从孙子,走小路,所以主题为尊老爱幼。

但实际上,"我"对事的感受是推断文章主题很重要的依据。在文章中,作者写道:

一霎时,我感到了责任的重大,就像民族领

袖在严重关头时那样。我想找一个两全的办法,找不出;我想拆散一家人,分成两路,各得其所,终不愿意。我决定委屈儿子了,因为我伴同他的时日还长,我伴同母亲的时日已短。

"我"经过上述一系列思考后决定走大路。最后一家人选择走小路,在不好走的地方,"我"背起母亲,妻子背起儿子,这时"我"也有一个重要的感悟——好像我背上的同她背上的加起来,就是整个世界。这两个部分,即"我"的想法与感悟,是构成文章主题的重要部分,不能加以忽略。在新的解决问题的方法中,"我"领悟到"我背上的同她背上的加起来,就是整个世界",由此推断出"我"发觉了作为中年人在传承生命、珍视老去的生命、保护幼小的生命上所拥有的力量和责任感。

"我"作为第一人称叙述者的所思所想是散文写作意图的直接表现,在理解作品的主题时应重点关注这些部分,不应忽略。

(四)故事空间与主题的关系

前文在探讨故事空间与主题的关系时,曾举过本文的例子,本文的景物描写与主题之间呈现象征型关系,文中江南初春的田野充满生机,暗示了生命的生生不息,与文章的主题——对生命的珍视、传承生命的责任相互呼应，景物描写起到了强化主题的作用。

（五）主题

本文的主题可以概括为一家人在散步中出现了分歧，"我"的母亲要走大路，"我"的儿子要走小路，"我"决定委屈儿子，顺从母亲走大路。"我"母亲还是依从了小孙子，决定走小路。后来，在不好走的地方，"我"背起母亲，妻子背起儿子。作者由此感悟到中年人在传承生命、珍视老去的生命、保护幼小的生命中所拥有的力量和责任感。

六、《秋天的怀念》解读

《秋天的怀念》是统编教材《语文》七年级上册第二单元的课文，单元主题为"亲情"，作者是史铁生。文章情感表达深沉含蓄，主题不易把握。

（一）情节结构

和《散步》相比，《秋天的怀念》在情节结构上更复杂，包含困境解决与不知到知的双重情节结构，这双重结构使作品在短小的篇幅中包含了深厚的意蕴。

1.困境解决情节结构。

作品一开篇就袒露了"我"所处的人生困境：双腿瘫痪、脾气暴怒无常，几乎丧失了活下去的勇气（"我可活什么劲儿！"）。母亲为了开导儿子，让儿子好好儿活下去，费尽心思，比如躲出去让儿子充分发泄自己的情绪，待儿子情绪平复下来，又劝他去北海看花；当儿子再次陷入情绪崩溃的状态时，母亲告诉儿子："咱娘俩在一块儿，好好儿活，好好儿活……"这是"我"的生存困境，母亲的持续努力并未能改善分毫。而最后，当儿子答应去看花时，母亲却因病发住进医院，再也没有回来，临死前还惦记着自己生病的儿子和未成年的女儿。直到后来，"我"和妹妹一同去看花，才懂得了母亲让自己好好儿活的含义，并决定勇敢地活下去。由不想活到决心好好儿活，这是"我"的生存困境在精神层面上的解决，背后是人生观的巨大转变，这是文本显在的情节结构。从这一结构来看，母亲的猝然离世对"我"人生观的转变有很大影响。这种影响是怎样发生的呢？仅仅是因为母亲的离世吗？这就涉及文本中另一个情节结构，即不知到知的认知转化结构。

2.不知到知的情节结构。

细心的读者可能会注意到，与上述困境解决结构相呼应，文章中还不断回旋着另一个结构，这一结构体现在下面的文字中：

> 可我却一直都不知道，她的病已经到了那步田地。后来妹妹告诉我，她常常肝疼得整宿整宿翻来覆去地睡不了觉。

邻居们把她抬上车时,她还在大口大口地吐着鲜血,我没想到她已经病成那样,看着三轮车远去,也绝没有想到那竟是永远的诀别。

我懂得母亲没有说完的话。妹妹也懂。我俩在一块儿,要好好儿活……

这些文字说明面对母亲的猝然离世,"我"经历了一个从不曾关注过母亲到理解母亲的转变过程。"我"由沉浸在自己的不幸中开始转换关注点,了解到在"我"陷入人生危机时,"我"母亲经历了怎样的困境,正是这一关注点的转换,使"我"懂得了母亲,懂得了母亲让"我"好好儿活的含义。通过关注点的转换,"我"意识到自己并不曾想到,母亲的痛苦数倍于自己。母亲忍受着双重的痛苦,一是自己的病痛,二是儿子的病痛。母亲不仅要将这双重痛苦全部隐瞒起来,还时刻惦记着怎样让儿子的生命状态变得更好。母亲忘我的爱让沉浸在自己人生苦痛中的儿子转换了视角,看到了自己不知道的母亲的一切,"我"原来从来没有想到过母亲的痛苦,直至母亲猝然离世才感受到她的良苦用心。对母爱的顿悟与反省,使"我"理解了母亲在苦难面前坚忍的态度与行动,由此懂得了母亲所说的"好好儿活"的意义,获得了坚强、乐观地生活下去的力量。

（二）叙述视角

本文运用了第一人称体验视角及回顾视角，体验视角呈现了"我"遭遇困境时的心态及母亲帮助"我"走出困境的努力。回顾视角则呈现了"我"对母亲的爱不知与迟知的悔恨。两个视角穿插运用，使事件呈现双重结构，一方面是母亲竭尽全力帮助儿子摆脱不想活的念头，树立坚强活下去的勇气；另一方面是母亲猝然离世后"我"顿悟母爱，由此实现了母亲的遗愿——"好好儿活"。

（三）菊花的象征意义

> 又是秋天，妹妹推我去北海看了菊花。黄色的花淡雅，白色的花高洁，紫红色的花热烈而深沉，泼泼洒洒，秋风中正开得烂漫。我懂得母亲没有说完的话。妹妹也懂。我俩在一块儿，要好好儿活……

此处借菊花在秋天开放，隐喻在逆境中坚强活下去的精神，借菊花所展现的不同姿态——或淡雅，或高洁，或热烈而深沉，隐喻虽有不同形象但同样美好的生命姿态，由此暗示不仅要活下去，还要活出自我，活出精彩的、崭新的人生，这正是母亲生前对遭命运打击后一蹶不振，甚至不想活下去的儿子的最大期望。

秋风中开得泼泼洒洒、姿态烂漫的菊花也是母亲坚强品格的象征，因此，此段描写深化了文章的主题，表达了作者对母亲的理解、感激与怀念，同时表达出自己要好好儿活下去的坚定决心与勇气。

（四）主题意蕴

本文情感含蓄、意蕴丰富。文中，面对遭受命运打击的儿子，母亲隐瞒自己的病痛，帮助儿子走出人生困境，鼓励儿子要坚强地活下去，由此展现出坚强、无私的伟大母亲的形象。母亲的猝然离世让沉浸在不幸中的"我"猛醒，从而理解了母亲对自己的良苦用心，转变了人生态度，决定像母亲说的那样好好儿活下去，表达出自己对母亲的理解以及好好儿活下去的人生信念和态度。此外，文章也表达出自己未能及时理解母亲的悔恨。

七、《走一步，再走一步》解读

《走一步，再走一步》是统编教材《语文》七年级上册第四单元的课文，作者为美国作家莫顿·亨特。文章讲述自己童年时期，有一次与小伙伴们一起去爬悬崖，在爬到三分之二处时卡在那里，上不去也下不来，感到绝望与恐惧。后来，在父亲的帮助下，"我"按照父亲的指导，先走一小步，再走一小步，不去想下面的路有多长，最终成功走下悬崖，体验到了成就感。

（一）文本类型与情节结构

本文属于困境解决类的情节型叙事文本。本文情节结构的独特性在于具有行动与心理两个维度。主人公所面临的困境具有双重困境的特点，一是行动中的困境，即爬悬崖时上不去下不来；二是行动背后的心理困境，即内心渴望勇敢与因病弱而不敢冒险的冲突。作为帮助者，父亲解决问题的方式与方法既关注了行动也关照了心理，在帮助"我"成功从悬崖上下来的同时，也让"我"获得了战胜自我的成就感。而此后，在"我"的人生当中，悬崖上的这一课更是给"我"带来了方法论意义上的影响，使"我"将走一小步、再走一小步这一问题解决之道迁移到人生的其他困境中。本文从行动与心理双方面实现了困境的突破，由此具有更普遍的启示与意义。

下面具体的情节结构分析可以帮助学生更深入地体会上述独特之处。

1. 背景。

故事发生在费城，时间是七月里炎热的一天，主人公"我"是一个八岁的小男孩，因为体弱多病，被妈妈教导不可冒险，所以当伙伴们建议冒险爬悬崖时，"我"犹豫了，一方面渴望像伙伴们那样"勇敢和活跃"，另一方面心里又牢记妈妈的警告，不敢冒险。由于好朋友的激将法"就因为你过去生病，所以就要当胆小鬼？这没道理"，于是"我"就跟着小伙伴们一起冒险爬悬崖了。

2. 陷入困境。

"我"跟伙伴们来到悬崖边，其他孩子都开始爬了，"我"仍然犹豫不决，后来胆战心惊地跟着爬，等回头向下看时，却吓坏了，担心自己被摔个粉碎。

3. 困境加深。

当男孩们爬到悬崖三分之二处时，更加危险了，大家都爬了上去，"我"却停在那里，伙伴们都开始嘲笑"我"，连好朋友也和其他孩子一起爬上崖顶后离开了。

4. 危机。

"我"卡在悬崖中途，不敢下去，更不敢上去，害怕得哭泣起来，一直到夜幕降临，自己感到无能为力。

5. 困境解决（高潮）。

好朋友杰里和爸爸来了，爸爸用平静的口吻安慰"我"，并帮助"我"克服恐惧和畏难情绪。爸爸反复提醒"我"，向下爬时只想眼前的一小步，然后再走下一小步，不要往下看。在爸爸的指导下，"我"竟然做到了。

6. 结局。

我迈出最后一步，踩在崖下的岩石上投入爸爸的怀抱，获得了安全感和成就感。

7.影响。

爸爸其实是在强调，不要思考路还很长，只要想着接下来的事情"我"能做到。这个方法后来被"我"迁移到生命中的很多困难时刻，"我提醒自己不要看下面遥远的岩石，而是注意相对轻松、容易的第一小步，迈出一小步，再一小步，就这样体会每一步带来的成就感，直到达成了自己的目标"。

（二）情节结构与主题的关系

作品的主题通过"我"遇到困境，在父亲的帮助下成功解决困境的过程呈现出来，父亲成功解决问题的方法体现了本文的主题所在。

文章开头部分暗示了困境的出现，朋友们提议去爬悬崖，"我"却犹豫了。"我"犹豫的原因是理想中的"我"与现实中的"我"之间存在矛盾。虽然接下来渴望勇敢的"我"战胜了因病弱而不敢冒险的"我"，却使"我"陷入更大的困境，两个"我"之间的"矛盾冲突"达到顶点。这时，协助解决矛盾的帮助者出现，父亲始终关注"我"的内心感受，教给"我"克服畏难与恐惧情绪的最有效的方法："不要想有多远，有多困难，你需要想的是迈一小步。"在这一方法指导下，"我"最终安全走下悬崖，获得了"成就感和类似骄傲的感觉"，也弥合了现实中胆小的

"我"与理想中勇敢的"我"之间的差距，为自己能够战胜困难而感到骄傲。从此，"我"习得了勇敢面对困难、解决问题的方法，实现了精神成长。

（三）叙述视角

本文叙述视角为第一人称体验视角，以八岁儿童的视角，呈现了一个从冒险到遇险再到脱险的过程。运用第一人称体验视角，有利于在每一个环节呈现"我"的心理：最初的犹豫，登悬崖过程中的担忧、恐惧和对困难的感受，以及最后成功从悬崖上走下来时的自信与骄傲，都是通过第一人称体验视角展示的。这些心理活动充分揭示出父亲方法的针对性和效果。最后文本以第一人称当下视角，指出自己儿时的这一经历对自己人生的深远影响。

（四）主题

本文通过幼时的"我"所经历的悬崖冒险事件，突出了父亲指导"我"成功脱险时所运用的方法的普遍性意义。父亲指导"我"不要去想路有多远、多困难，只想眼下能够迈出的一小步，通过走一小步，再走一小步，最终克服困难，走向成功。这一方法对"我"、对所有人都具有普遍意义。

八、《阿长与〈山海经〉》解读

《阿长与〈山海经〉》是统编教材《语文》七年级下册第三单元中的课文，本单元主要聚焦社会底层小人物的现实生活与内心世界。

（一）文本类型

《阿长与〈山海经〉》是典型的人物型叙事作品，全文围绕阿长写了诸多内容，包括阿长的名字、阿长的切切察察、阿长的睡相、阿长讲的元旦吃福橘等诸多规矩和长毛的故事等，还有阿长给"我"买《山海经》的事。这些关于阿长的细节与事件聚合起来，构成阿长的总体形象，作者对人物的情感与认识也渗透在其中，值得反复玩味。

（二）人物刻画

人物刻画的手段一般包括直接形容与间接表现。直接形容是作者将人物的特性直接用形容词语概括出来，间接表现则主要指通过描写人物的语言、动作、外貌、神态以及关键事件中的行动来表现人物，还包括通过记述人物关系及人物的变化等来刻画人物，读者由此可以推断出人物的特性。本文对间接表现方法的运用比较明显。

通过人物的语言、动作、外貌、神态等表现人物，广大中小学教师是比较熟悉的，在此不多做论述，下面着重分析一下本文刻画人物的另外一种比较突出的方法——通过关键事件表现人物。

"阿长买《山海经》"是文中的关键事件，这一事件从"我"渴慕《山海经》的原因写起，花了一定篇幅描述"我"渴慕《山海经》而不得的苦境，阿长知道"我"的渴慕是因为"我"在别人面前的念念不忘，对阿长本人，"我"本来是不屑于告诉的，因为"说了也无益"，但阿长居然在告假回家后帮"我"找来了这心心念念的好物，"我"对她的怨恨"从此完全消灭了"。

此前的阿长，不只是因为谋害隐鼠使"我"怨恨，她的"切切察察"乃至搬弄是非，她对"我"惹人厌烦的过度约束，她的"不见得很好"的睡姿给我带来的不便，她讲的"烦琐之至"的毫无道理的规矩，都使"我"不满。她讲的长毛故事虽然使"我""对于她就有了特别的敬意"，这敬意却逐渐淡薄，直至因隐鼠事件完全消灭了，直到她为"我"买了《山海经》，才消灭了隐鼠事件所引起的怨恨。

那么，阿长从此就成了"我"心目中善良的长妈妈了吗？并不是，阿长和那"粗拙"的《山海经》一样，此后并没有在"我"的人生中留下多么宝贵的痕迹，这段记忆恐怕也是"记不清是什么时候失掉了"。再忆斯人，已是多年以后——"我的保姆，长妈妈即阿长，辞了这人世，大概也有了三十年了罢"。这句话提示读者，这是一篇回忆文章，而极为特别的是回忆时的视角。

（三）叙述视角

本文运用第一人称体验视角与回顾性视角来呈现人与事，体验视角展现童年的"我"对阿长的感受；回顾性视角展现成年的"我"写作时的回忆。本文中童年视角与成人视角的切换，体现了作者随着人生阅历的丰富而对人、对事产生了新的认知。

文章前两段里，作者在写作的当下交代"阿长"的背景。这背景说了两方面内容，一是阿长是谁，二是阿长名字的来历。这名字来历的特殊之处在于，"阿长"并不是阿长的本名，她是袭用了前任女工的名字，尽管这名字与她毫不匹配。不匹配并不重要，因为像阿长这样的小人物，方便主人使唤就好，叫什么是根本无所谓的，至于她的品性样貌与名字的匹配度，就更不重要，只要这品性不影响主人使唤就好。

文章接下来不露痕迹地转回童年视角，如前文所述，"我"岂止是"不大佩服她"，"憎恶"、"讨厌"和"怨恨"显然更多些，偶尔的"空前的敬意"也不过是因为童年的无知才产生的，而且很快就被恶感消磨掉了。

改变"我"对她的恶感的，在童年，是她帮我买到"最初得到，最为心爱的宝书"《山海经》，在当下，

"书的模样,到现在还在眼前",而阿长却极为面目模糊:"我终于不知道她的姓名,她的经历。"但这时为逝去的她祈福的作者显然已经理解了阿长:她的种种不讨喜的特征不过是身为那样的"小人物"难以避免的粗鄙,她的各种求福的仪式或禁忌也无非是"小人物"因无力改变命运而保留的对改善人生的一点点期待和希冀。无论她有多么愚昧、粗鄙乃至自私,她帮"我"寻求《山海经》的努力却是质朴而善良的,她只是自然而然地设法满足一个儿童被其他人忽视的渴望。

"仁厚黑暗的地母呵,愿在你怀里永安她的魂灵!"最末一段抒写中饱含作者对阿长怀念和祝福的深情。这表达的是成年后的作者在对阿长、对自我、对生活有了更深刻的理解之后产生的情感。

(四)主题意蕴

本文通过对阿长形象的刻画,表达了作者对童年时代保姆阿长的怀念、感激之情,既对阿长的粗俗愚昧、举止不雅等缺点报以深刻的理解与同情,也赞美了阿长虽身世卑微,但内心仍保有质朴与善良。

第四节 小说解读案例

小说属于虚构类叙事作品,文本类型比较丰富,既包含情节型作品,也包含人物型作品,还包含介于两者之间的作品。小说的虚构性使小说的叙述技巧有更丰富的创造空间,这意味着小说的内涵更丰富,解读的空间更大,解读的难度也更高。本节所选小说篇目多为有一定解读难度并具有一定代表性的文本。《穷人》《唯一的听众》《"诺曼底号"遇难记》《跳水》《凡卡》为小学语文教材中的作品,《台阶》《故乡》《我的叔叔于勒》《智取生辰纲》《孔乙己》为初中语文教材中的作品。这十篇解读案例注重从叙事结构角度探索小说的主题内涵,为小说提供叙事学视角下的解读路径与方法,有助于教师避免对小说的解读水平停留于寻章摘句或写个性化的读后感,提升教师小说阅读与鉴赏的水平。

一、《穷人》解读

《穷人》是统编教材《语文》六年级上册第四单元的课文,这一单元的课文均为小说。《穷人》是俄国批判现实主义作家列夫·托尔斯泰的短篇小说。小说讲述渔夫和妻子桑娜在邻居西蒙死后主动收养了她的两个孩子的故事。小说在有限的篇幅内,表现了桑娜和渔夫在自身生活困难的情况下仍援助他人的美好品质，歌颂了朴素自然的人性之美。

(一)文本类型

《穷人》是以人物为中心的小说，要把握小说的主题及人物特性，需要关注文本中人物的刻画方式。一般来讲，把握人物特性有两种基本的途径，一是直接形容，二是间接表现。在第三章第二节中，本书曾以《穷人》为例，具体解释了直接形容和间接表现法，下面尝试运用其他人物特性聚合的原则或方法来把握这篇小说中的人物特性。

(二)在积累中把握人物

积累就是各种人物特性累积起来互相完善、相互补充，形成一个整体的人物形象。如前文所述，通过环境，情节，人物的语言、行动、心理活动等多方面的直接或间接描写，可以推测出主人公桑娜的性格特征，并由此形成对桑娜的整体印象。这种把握人物的方法就是积累法。如文中通过环境描写，可以看出桑娜把小屋收拾得温暖而舒适，由此推断出人物尽管生活在贫困中，却具有不被贫穷所限制的勤劳、坚忍、彼此关爱等美好品性。文中通过描写桑娜探望生病的邻居西蒙，毫不犹豫地把孩子抱回自己家，突显了桑娜作为母亲的善良天性和对弱者的同情，她的所思所想都是利他的，没有患得患失。文中多次对桑娜的心理活动进行描写，其中桑娜抱回西蒙的孩子之后的心理活动描写非常精彩，充分展示了她对丈夫的体恤，但无论桑娜怎样担心、犹豫与挣扎，内心从未产生放弃收养这两个孩子的念头。这一心理活动描写，突出展示了渔夫的妻子桑娜虽处于贫穷困境中，但于勤劳、善良、贤惠之外，还拥有爱人如己、甘愿自己受苦也要帮助他人的高尚品质。上述人物特点积累起来，就形成了对桑娜人物形象的整体把握。

（三）在关系中把握人物

在关系中把握人物就是关注人物与其他人物的关系，通过主要人物与其他人物之间的相互关系来推断人物的性格特点。文中主要的人物关系包括桑娜与丈夫的关系、桑娜与邻居西蒙的关系及桑娜与孩子的关系，通过桑娜与这些人物的关系，突出反映了桑娜心地善良，关心丈夫，真诚关爱邻居，疼爱自己的孩子，也疼爱、怜悯孤儿的美好心灵。

（四）在对照中把握人物

对照指的是，对同一人物的不同行为或不同人物的同一行为进行对比，进而概括出人物的性格特征。文中桑娜与丈夫面对邻居西蒙留下的两个孤儿，他们共同的反应，都是毫不犹豫、义无反顾地决定收养孤儿，这是本性使然。然后，他们才想到自己，对自己极端艰难贫困的处境有了清醒的认识，但面对比自己处境更加悲惨的西蒙及两个孩子，他们毅然把更沉重的生活重担揽过来，这突出了桑娜与渔夫爱人如己、甘愿自己受苦也要帮助他人的高尚品质；另一方面也可以看出夫妇两人不谋而合的默契、彼此的体恤与尊重，这是他们能于穷苦生活中保有"温暖而舒适"生活的精神基础，他们物质上固然贫困，精神世界却足够丰盈。

积累、关系、对照、直接形容与间接表现，这些把握人物特性的方式之间没有严格的界限，教学实践中可根据文本特点，灵活运用。

（五）叙述视角

《穷人》采用的是选择性全知视角。这部小说是根据雨果的叙事诗《可怜的人们》改写而来的。雨果的叙事诗《可怜的人们》从头至尾采用的是全知视角，叙述者处于故事之外，既观察又讲述。但是，在托尔斯泰改写的《穷人》中，除开头及渔夫归来部分采用全知视角外，写桑娜的部分采用的都是选择性全知视角，就是从女主人公桑娜的角度来观察与感知整个故事，故事以主人公桑娜的行动、思想、内心活动为线索展开。一方面，采用选择性全知视角可以展现某一性别、身份的人对事件的独特感知与体验，如桑娜作为女性、作为妈妈，对西蒙之死及两个孤儿的观察与感知更加充满母性，也更加细腻、更打动人；另一方面，采用选择性全知视角便于揭示人物的内心活动，文中多次运用心理描写刻画人物的形象，通过自然且细腻生动的心理刻画塑造了感人肺腑的渔夫妻子桑娜的人物形象；此外，因为选择性视角需依托某位人物，其观察与感知的信息具有有限性，更有利于产生悬念。例如，渔夫是否平安归来？渔夫是否同意收养孤儿？从桑娜的视角进行感知与叙述，一环扣一环，一波未平一波又起，推动着情节的发展，牵动着读者的心，增强了文本的可读性。

（六）主题

作品题为《穷人》，作者为什么要取这样的题目呢？桑娜一家的艰苦度日和西蒙的惨死是穷人生活的真实写照，桑娜一家与西蒙的生活是当时劳动人民生活的缩影。从物质匮乏、生存艰难的角度来看，他们确实是穷人的代表。但本文题目为《穷人》另有深意。渔夫与桑娜虽然物质生活匮乏，但他们爱孩子、爱家庭，每天认真工作、努力养家，充满感恩之心，虽然自己处于贫苦困境中，但仍能向比自己更艰难的他人伸出援助之手，即便更苦也要帮助他人，不求慈善之名，不求回报之利，只是凭着朴素的、自然的想法去助人。以《穷人》为题，表达了作者对桑娜这类生活贫苦的下层人民由衷的赞美。虽然他们的物质生活是贫困的，他们的灵魂却无比高贵。因此，在托尔斯泰的笔下，"穷人"是一个充满敬意的高贵的词，他们穷苦的生活在某种程度上也意味着一种脱离了罪恶的干净与美好。正如许多评论家所说，这部作品创作于俄国历史上阶级矛盾空前激化的时期，贵族阶级生活奢华、道德堕落，而广大劳动人民生活则极端贫困，他们在道德上却高尚淳朴。这篇小说真实地反映了这一历史时期劳动人民的苦难生活及其高尚品德。作者表达了对贵族阶级生活方式的厌恶与批判，以及对穷人生活的无限同情与高度赞美。因此，唯有以《穷人》为题，才能反映出作者的这一创作主旨。

二、《唯一的听众》解读

《唯一的听众》是一篇小说，被选入人教版《语文》六年级上册，作者是落雪。故事讲述了"我"刚开始拉琴像锯桌子腿，被家人嘲笑，十分沮丧。因为对练小提琴缺乏信心，偷偷来到小树林练习，遇到了自称耳聋的老人。在老人每日的陪伴下，"我"的琴技渐渐提高，之后"我"偶然得知，老人是音乐学院中一位德高望重的老教授，却因"我"而珍藏着这个秘密。后来，"我"奏出了真正的音乐，拉小提琴成了"我"无法割舍的爱好，"我"的内心也对老人充满感激。

(一) 文本类型与情节结构

从本文的整体结构来看,这是一篇困境解决类的情节型叙事作品。其情节呈现了主人公陷入困境,在他人的帮助下发生改变,从而摆脱困境的结构特点。

1. 陷入困境。

"我"拉小提琴被家人嘲笑,陷入不自信的困境。

2. 困境解决。

一位自称耳聋的老人自愿每天当我的听众,听我演奏,在老人的陪伴下,"我"的琴技不知不觉提高了,拉出了动听的曲子,自信心也有所提升。妹妹惊讶于"我"的变化,在妹妹的追问下,"我"道出了耳聋老人的秘密,并得知老人并不是聋人,而是音乐学院最有声望的教授。

3. 结局。

后来,拉小提琴成了"我"的爱好,"我"能够登台为众多观众演奏小提琴。

(二) 情节结构与主题的关系

困境解决类叙事作品的主题通常通过主人公陷入困境以及摆脱困境的过程呈现出来。在不同的作品中,主人公所面临的困境与解决方式各有其独特性。因此,解读时要关注困境及解决方式的独特性。

本文主人公所面临的独特困境是拉小提琴拉不出

好听的曲子，被家人嘲笑，既琴技不佳，又缺乏自信。在老人的巧妙帮助下，"我"提升了琴技，也获得了自信。老人帮助"我"产生变化的独特方式，一是表示"我"拉得很好；二是说自己耳聋，但会用心感受音乐；三是与"我"约定每天早晨来做"我"的听众。其中的巧妙之处在于，老人其实并不耳聋，是音乐学院颇有声望的教授。老人独特的帮助方式也突显了文章的主旨，遇到困难不能放弃，要积极把握契机；问题的解决需要努力，更需要智慧。

（三）辅助者人物形象与主题的关系

很多教师在解读本文时关注到老人的形象，并按归纳人物特性的方法描述老人形象，但结果往往不尽如人意。本文中老人的形象很重要，题目"唯一的听众"指的也是老人，因此读者容易陷入单从分析老人形象的角度把握主题的误区，其根本原因在于混淆了情节型和人物型两种文本类型。前文第三章第二节谈到叙事学视角下的两种人物论，即人物行动论与人物特性论，前者适合被用于分析情节型叙事作品中的人物，后者适合被用于分析人物型叙事作品中的人物。根据叙事学人物行动观，人物在情节结构框架内行动，也就是说，要理解老人的形象，需要立足于困境解决情节结构，从老人作为促进主人公成长或帮助主人公解决问题的帮助者的角度去解读。故事的背景和主人公的特质都不能忽视，在此基础上关注帮助者解决问题的关键行动因素，才能更为准确地把握文章主旨。

（四）叙述视角

本文的叙述视角为第一人称内视角，"我"既是事件的主人公，也是叙述者。第一人称叙述事件，除了能给读者带来真实感外，还有利于表现"我"在练琴过程中的心理、行动变化，从而突显老人对"我"的影响及老人的教育智慧。

此外，采用第一人称内视角，从"我"的角度感知与叙述故事，可以展现出"我"对老人的认识转变过程：一开始相信老人是"聋子"，后来妹妹揭开谜底，原来老人是音乐学院的教授。如此叙述，更能从"我"的角度显示老人的教育给"我"带来的心灵的震撼，同时给读者带来启示，增添出人意料之阅读趣味。

三、《"诺曼底号"遇难记》解读

《"诺曼底号"遇难记》是法国维克多·雨果的一篇短篇小说，此文收录在统编教材《语文》四年级下册第七单元。小说讲述的是，1870年3月17日，一个大雾弥漫之夜，"诺曼底号"客轮突然遭到"玛丽号"货轮的猛烈撞击。哈尔威船长成功指挥救援，利用有限的二十分钟时间,在船沉之前指挥全体乘客和船员顺利脱险,自己却随船沉入了大海。小说刻画了哈尔威船长在危急时刻指挥若定、恪尽职守的英雄形象,赞美了船长高度的职业素养和自我牺牲的英雄主义精神。

(一)情节结构

《"诺曼底号"遇难记》从结构上看属于困境解决类作品,通过描写人物在危难时刻的所作所为,刻画了哈尔威船长的形象,情节与人物刻画相辅相成。

1.背景(第1—5自然段)。

背景部分交代了事件发生的时间、地点、天气和"诺曼底号"上的基本情况。事件发生的时间是1870年3月17日凌晨四点钟,地点是大海上,当时的天气情况是大雾弥漫,且"愈来愈浓","黑"与"雾"导致周围漆黑一片,船桅的梢尖勉强可辨,极端的天气和凌晨的黑暗预示了事故可能发生。

2.陷入危机(第6—9自然段)。

突然,"玛丽号"出现,行驶速度非常快,负载又特别大,还没来得及看清,"玛丽号"就笔直撞向了"诺曼底号"的侧舷,将"诺曼底号"的船身剖开一个大窟窿。"诺曼底号"刹那间陷入危机。

3.危机解决(第10—40自然段)。

人群的混乱加大了救援的难度,设施上的缺陷造成救援时间极其有限，一系列状况将危机推至顶点，必须高效完成救援。在这危急时刻，哈尔威船长通过三个步骤指挥着解决了危机，拯救了船上所有人的生命。

4.结局（第41—42自然段）。

哈尔威船长随"诺曼底号"沉入大海。

（二）情节、人物形象相呼应，突显主旨

在灾难突然来临之际，如何在二十分钟的短暂时间内成功救出全体乘客及船员，即如何解决问题是全文着力突出的部分，主要人物解决问题的方式及其背后的价值观即文本的主旨方向。通过上文的情节结构梳理可以看出，困境的解决主要是通过核心人物哈尔威船长实现的，具体体现在哈尔威船长的态度及行动中。情节与人物形象相互呼应，共同表达了文章的主旨。

1.成功指挥救援的行动，体现出哈尔威船长的职业素养、保护弱者的人道主义精神以及高度的自我牺牲精神。

面对突如其来的灾难，人们因缺乏理性而变得无序、混乱，哈尔威船长两次迅速而成功地控制局面，甚至不惜用手枪来维持秩序，保障了救援行动有序进行，赢得了时间。轮到船员撤退时，他不忘让见习水手先走，因为见习水手还是个孩子。然而，在他要解救的六十人中，并没有他自己。

2．以混乱的局面为背景，刻画出船长所具有的超乎常人的理性、领导力及高尚的道德品质。

在巨大的灾难突然发生时，当船上所有人都处于本能的慌乱与恐惧中时，船长在最短的时间内恢复理智、下达命令、实施救援。当人们争抢着上救生艇，导致局面再次出现混乱时，哈尔威船长用"电报式"的语言快速地了解了情况，再次明确了逃生的时间和维持秩序的方法，由此我们可以看出，作为一船之长的哈尔威具备熟练的专业技能、临危不惧的勇气、掌控全局的能力以及恪尽职守的责任感。

在解救了船上所有的乘客和船员之后，哈尔威船长遵循着古老的航海传统，履行着与船共存亡的信念，随船沉入深渊。这是船长所表现出的超乎常人的对死亡的态度——"纹丝不动"，平静、坚定。这是"英雄的壮举"，而这壮举的背后，也不过是"履行做人之道"。这是怎样的做人之道，值得师生共同结合文本来探究。

（三）叙述者的公开评论与主旨的表达

本文采用全知外视角，叙述者处在故事之外，既讲述又观察故事。此外，叙述者还直接出面，用自己的声音述说对故事的理解，发表自己的见解和看法，告诉读者如何看待故事中的人物和事件，如何领悟作品的意义。比如，在船长下达第一个命令之后，叙述者说,"实际上一共有六十一人,但是他把自己给忘了",由此以全知视角对故事中的信息进行了补充和解释,一方面使读者更全面、更清楚地了解了事件,另一方面提示读者船长在营救中的忘我精神。此外,叙述者还直接对事件或人物发表自己的见解,比如在船长下达第二个命令之后,叙述者说,"事情总是这样,哪里有可卑的利己主义,哪里也会有悲壮的舍己救人"。叙述者在对比船长和普通人后做出了评判。在文章的结尾处——"在英伦海峡上,没有任何一个海员能与他相提并论。他一生都要求自己忠于职守,履行做人之道。面对死亡,他又践行了一次英雄的壮举",叙述者对船长做出了总体的评价。通过这些直接的评论,叙述者引导读者同意他的看法,在价值观上求得共识,读者由此可以理解作品的主题。

四、《跳水》解读

《跳水》是俄国文学巨匠列夫·托尔斯泰所写的一篇具有象征主义色彩的短篇小说,是统编教材《语文》五年级下册第六单元的课文,单元主题为"思维火花"。

《跳水》的故事大意是,一个风平浪静的日子,在一艘环游世界归来的航船上,水手们在甲板上闲来无事,拿猴子取乐。猴子为取悦水手,拿走了船长儿子的帽子。在众人的哄笑声中,男孩气极了,为了追回帽子不惜爬到桅杆上最高的一根横木的尽头，只要一失足，就会摔在甲板上没命。在这危急时刻，孩子的爸爸用枪逼迫孩子立刻跳到了水里，使孩子得救了。

（一）文本类型与情节结构

《跳水》属于困境解决类情节型叙事作品。文中情节的发展逐层推进，在困境解决部分达到高潮，篇幅虽短，但脉络清晰、惊心动魄。

1.背景（第1自然段）。

在风平浪静的一天，环游世界归来的航船上，水手们在甲板上拿猴子取乐，气氛非常轻松。猴子越发放肆。

2.冲突产生（第2自然段）。

猴子与孩子发生矛盾。猴子摘下船长儿子的帽子戴在头上，水手们大笑，孩子哭笑不得。猴子不理孩子，似乎故意逗孩子生气。

3.冲突上升（第3自然段）。

水手们越哄笑，孩子越生气，于是他爬上桅杆追猴子。

4.陷入绝境（第4自然段）。

猴子把帽子挂在桅杆最高的那根横木的一头，坐在桅杆顶端冲孩子做鬼脸，孩子气极了，放开绳子和桅杆，张开胳膊，走上横木去取帽子。孩子一失足就会摔到甲板上没命，水手们吓得惊叫起来。孩子听见叫声，幡然醒悟，摇晃起来，陷入命悬一线的危机之中。

5.困境解决（第5自然段）。

船长看到这一幕，立即举枪命令孩子跳水。孩子在父亲的逼迫下跳进海里。水手们立即把孩子救上甲板，孩子得救了。

（二）情节结构与主题的关系

一般情况下，在困境解决型情节结构中，困境解决过程中的态度及解决方法是理解主题时的重点部分，比如在《"诺曼底号"遇难记》中，救援过程是全文的重点，所占篇幅最长，主题也体现在哈尔威船长指挥救援的方法与态度上。同样，《跳水》中，危急时刻，船长用手枪逼迫儿子用跳水的方法化解了危机，出人意料、值得钦佩。船长当机立断的智慧和冷静处理的态度是文章所要突出表现的主题。文章题目为《跳水》，也是从解决方法的角度考虑的，突出了危急时刻成功解困的智慧。

同是化解危机，相比于《"诺曼底号"遇难记》，《跳水》的独特之处在于，全文用了近三分之二的篇幅表现了孩子在猴子的放肆行为及水手取乐的笑声中如何使自己不知不觉陷入绝境。这一过程提示读者，除了危机解决的方法，如何避免陷入危机也是文本主题不可忽视的一部分。叙事学更关注特定事件的表现方式而不是事件本身，作品的主题往往与事件如何被呈现有关。

　　环游世界的帆船往回航行，表明艰巨的航行任务基本完成。而此刻风平浪静、水手们都在甲板上，处于放松状态（从后文中可以看到，此刻船长也处于比较放松的状态，拿手枪准备打海鸥），这时候需要找点乐子，于是水手们把关注点转向猴子，猴子成了人们取乐的对象，惹得大家哈哈大笑。在孩子、猴子和水手三者之间存在这样一种关系：水手越笑，猴子越放肆，孩子越生气，孩子越危险。于是，事态迅速由平安无事升级为人命关天。如果说海上航行时遇到的恶劣天气是"天灾"，那么此刻升级的玩笑就是"人祸"。文本用三分之二的篇幅呈现"人祸"的升级过程，给读者以警示：无聊中的放纵与取乐会滋长非理性行为，非理性行为会导致局面失控，甚至使人陷入绝境，而理智与理性是解决非理性行为造成的后果最有效的方法。这些意涵也应包含在主题之中，如此解读，主题意蕴会变得更为丰富。

（三）象征意义

　　在有些叙事性作品中，叙述者会跳出事件，发表议论，直接表明对事件、人物的态度，这些议论往往是解读文本主题的重要参考，参见《"诺曼底号"遇难记》。也有叙述者对事件不公开发表评论，而是通过叙述手段暗示其意义，使作品的意蕴表达得更加含蓄甚至隐晦，给读者留下更多的想象和阐释空间，象征即这类叙述手段之一。象征指叙述者借助叙事结构中的某一部分或整体，利用它们与经验世界的关联，含蓄形象地表现某种思想观念。《跳水》中，叙述者从全知视角进行冷静观察，没有公开发表评论，但运用了象征的叙述手段，读者如果能够有意识地从这一角度理解作品的主题，将有更多收获。

1. 环境的象征性。

全文的第一句话交代了事件发生的背景："一艘环游世界的帆船正往回航行。这一天风平浪静，水手们都在甲板上。"故事具体发生在哪一天，这是一艘什么名字的帆船，航行在什么海域，这些都没有交代。但故事突出交代了如下信息：这是一艘经过大风大浪洗礼的归航的航船，水手们因放松而取乐，尚未成熟的孩子陷入非理性行为的怪圈，最终面临危机……含混与不确定的故事背景使这艘帆船呈现的故事空间超越了具体的时代、地域，暗示着这些现象可以发生在任何时空，使故事具有了一定的普遍性。

2. 人物关系的象征性。

小说只用了孩子、水手、船长等称谓，没有交代人物具体的名字，这种含混性使读者超越具象而进入一种具有普遍意义的场景。我们可以将整篇小说的事件结构和人物关系视为一个象征体，猴子、孩子和水手是非理性行为的代表，船长则是危机的拯救者。船长能够带领水手战胜自然界的惊涛骇浪，成功归航，和他对人性弱点有深刻的理解密不可分，他是人类理性的象征，也是人类更理想的形象的隐喻。由此，我们也解读出了超越具体故事的更普遍的意义：冲动与放纵如不加以控制，将导致灭顶之灾，只有理性的生活才能使人类获得更高的自由。

五、《凡卡》解读

《凡卡》是俄国19世纪杰出的批判现实主义作家契诃夫写于1886年的短篇小说，入选人教版《语文》六年级下册第四单元。

本文讲述了九岁的凡卡在莫斯科鞋匠铺子当学徒的故事。圣诞夜，凡卡趁老板和伙计去教堂祈祷的时机给爷爷写信，讲述自己每天辛苦劳作，却过着挨饿、受困、被伙计捉弄、挨老板一家毒打的日子，在莫斯科实在活不下去了，恳求爷爷把他接回乡下；凡卡在信中回忆了和爷爷在乡下砍圣诞树、追兔子的美好时光，介绍了莫斯科见闻，但求救信既没写地址，也没贴邮票。他把信投入信箱后，带着美好的希望进入梦乡，梦见了爷爷。

《凡卡》全文只有三千多字，但容量较大，从一间小铺子、一个九岁的孤儿学徒的命运来展现整体的、广阔的沙俄统治下变革时代的社会生活图景。

（一）文本类型与情节结构

《凡卡》与《卖火柴的小女孩》一样，是以人物命名；从结构上看，文本也呈现出情节型困境解决类作品的特点。

1. 背景。

九岁的凡卡是一名孤儿，在乡村里跟着当看门人的爷爷一起生活，三个月前孤身一人被送到莫斯科的一家鞋匠铺子做学徒。

2. 主人公陷入困境。

凡卡在鞋匠铺子遭受老板一家的虐待，吃不饱饭、睡不好觉、被伙计捉弄、挨老板一家毒打。此外，莫斯科虽然让凡卡感到好奇，有许多乡下看不到的东西，但这里的人们对凡卡都很冷漠，让凡卡体会不到一点儿人情味儿。凡卡感到活得"连狗都不如"，生活没有指望。

3. 困境解决。

凡卡试图依靠自己的力量来摆脱困境。他决定写信给爷爷，让爷爷带他回到村里去。

4. 结局。

凡卡满怀信心地寄出了地址为"乡下爷爷收"的信，怀着甜蜜的希望睡熟了。但是，从寄信地址不详和邮寄手续不完善等可以推测出，凡卡的自我拯救是无果的，苦难的生活还是得继续。

（二）叙述视角

本文叙述视角比较独特，通过全知视角与第一人称体验视角的切换来叙述故事。

1.以全知视角提供故事框架。

作者借助全知视角，对故事背景——凡卡所处的现实环境和凡卡写信、寄信的情况做了介绍。

2.以第一人称体验视角带领读者感受凡卡的内心世界。

凡卡写信既具有转换叙述视角的功能，也展现了主人公尝试解决困境的行动。叙述功能与情节功能合二为一，取得一举两得的艺术效果，一方面，将叙述视角由全知视角转换为第一人称体验视角，让九岁的孤儿亲口讲述个人的学徒遭遇，讲述在莫斯科的所见、所闻、所感，读者跟着凡卡体验他的遭遇，内心被一个孩子的倾诉直击，比以全知视角讲述更具感染力；另一方面，给乡下爷爷写信，让爷爷把他接走，这是一个九岁的儿童为了脱离学徒困境而竭尽全力采取的自救方式，读者由此感受到凡卡的内心世界，既会对儿童的境遇产生同情，又会对造成儿童悲剧命运的原因进行反思。

3.全知视角与第一人称体验视角的切换，更好地展现了作者批判社会现实的创作意图。

全知视角的叙述者处在故事之外，讲述凡卡这个儿童的遭遇，给凡卡的故事提供了一个框架，主要讲述凡卡给他的祖父写信并寄信的过程。对读者来说，这个叙述者是一名可靠的、成熟的叙述者；而第一人称体验视角的叙述者处在故事之内，即故事的主人公凡卡，通过写信，向爷爷讲述自己学徒生活的悲惨，同时回忆起在乡下与爷爷一起生活的美好，期待爷爷把他接走。凡卡在信中以稚气的口吻讲述自己的经历，听之令人动容。但凡卡毕竟只是一个儿童，儿童在对社会环境的认知与经验方面具有一定的局限性。因此，凡卡记忆中的乡下是否真的如此幸福、美好，爷爷是否具备抚养和保护凡卡的能力，这些通过儿童凡卡的叙述展现出来的事就都带上了不可靠的色彩；另外，通过全知视角下的叙述，读者能够推断出凡卡这封没有确切地址的信很难寄到；即使寄到了，爷爷也根本无法帮助凡卡摆脱困境。因此，凡卡心中的"美好"，恰恰是这个九岁男孩还无法理解的苦难。他的希望之所，也正是他的绝望之处。这正是凡卡故事深层的悲哀所在。不同视角的转换更好地展现了作者的创作意图，召唤读者思考凡卡悲惨命运的根源。

值得思考的是，本文通过凡卡写信的方式，以凡卡的视角揭示了当时社会的黑暗，实现了批判社会的创作意图，有其成功的一面，但这种转换视角的方式也令读者对故事的可信性产生了怀疑。阅读时有学生提出，既然凡卡社会地位如此低下，他是怎么学会写信的呢？尽管在原文中作者对凡卡学习书写有过情节铺垫，但九岁的凡卡怎么能写出如此内容丰富的信呢？由此可见，作者利用凡卡的视角展现自己批判社会创作意图的做法是否成功，也同样是值得思考的。

（三）情节结构与批判现实主义

上文曾指出，《凡卡》与《卖火柴的小女孩》在情节结构上都属于困境解决类作品。不同的是，《卖火柴的小女孩》通过虚幻与想象的方式摆脱了困境、实现了梦想。故事的结局，小女孩虽然死去，但她的嘴上带着微笑。比较之下，《凡卡》的人物命运更加悲惨，尽管凡卡试图通过写信向乡下爷爷求救来解决问题，而在故事的结尾处，凡卡沉浸在梦中，也确实实现了回到乡下爷爷那里的愿望，但读者知道，凡卡的苦难在现实中没有得到任何改善，而且未来他将会面临更大的困境，完全没有解决的希望。对故事未来悲剧性结局的预示，正体现了批判现实主义的特征，也是其与童话的差别所在。

六、《台阶》解读

《台阶》是统编教材《语文》七年级下册第三单元的一篇自读课文，该单元的主题是"凡人小事"。

《台阶》是当代作家李森祥的短篇小说，故事内容大致是"父亲总觉得我们家的台阶低",这三级台阶是父亲花了很大的力气修造起来的,但他仍不满意,希望修造更高的台阶。又经过大半辈子的持续努力,父亲终于修起新屋,并为新屋修造了九级台阶。修造这九级台阶时父亲伤了腰,挑水回家变得更困难,抽烟时敲烟袋锅也不方便了,高高地坐在上面很不自在。台阶修好了,父亲不再有往日的精气神,他老了。

《台阶》中塑造了一个勤勉的农民形象,他终生在物质层面努力劳动,但其中显然蕴含了精神世界的追求。作为一篇成功的艺术作品,小说没有就父亲的精神世界做任何明确的说明,而是以波澜不惊的叙述,娓娓道来般讲了一个看似平淡的故事。如何引导学生解读出平淡故事背后的深意,进而体会作品的匠心和艺术价值,是教师需要用心揣摩的。

(一)文本类型

在对小说进行教学时,教师往往依据小说三要素开展教学,并将人物形象分析作为重要内容。但在教学实践中,教师往往会发现,某些小说中的人物形象并不突出,或者分析出来的人物形象和作品主题存在着某种矛盾,比如这篇《台阶》,有教师在带领学生进行人物形象分析时发现,按照传统的文本分析方法分析出的父亲形象是负面的,而这显然不是作者创作的实际意图。如果通过准确把握文本类型来确定适当的解读策略，则能较好地解决这一问题。

初中语文统编教材的小说文本可以大体区分为两种类型，一种是情节型，重在讲故事，往往通过相对完整的故事来呈现文本主题，相对而言，人物不过是情节的载体；另一种是人物型，人物型文本重在人物形象塑造，故事则是为人物形象服务的。如何判断小说的文本类型并确定相应的解读策略，已有学者进行过具体阐述，总体来看，《台阶》是一篇较为典型的情节型小说，作品围绕"台阶"展开情节，进而呈现作品主题及人物情感。

（二）情节结构

这篇小说以《台阶》为题，全文紧紧围绕台阶展开。故事开头没有做任何铺垫，直接写道"父亲总觉得我们家的台阶低"，让人深刻体味到台阶对父亲的重要性。

故事接下来简单写了家里的台阶及其修造过程，进而以温暖又深情的笔触，细致地讲述了这三级台阶在这个家庭的生活中的重要作用：母亲把台阶当成"我"的摇篮；"我"在台阶上长大，台阶也是"我"的游戏场所；父亲坐在台阶上很舒适，休息、洗脚、抽烟。但是，父亲"总觉得我们家的台阶低"。

于是，父亲开始为"造一栋有高台阶的新屋"做准备，在漫长的准备过程中，父亲认真、勤勉，对目标念念不忘。

开始造新屋后，"父亲很兴奋"，勤勉的态度则须臾未变。作者对造新屋的九级台阶进行了更为细致的描写：和泥、放鞭炮、父亲因之伤了腰、对青石板的留恋、对水泥台阶的精心照护，对这些细节，作者一一道来。

但修好的台阶并没为父亲带来任何愉悦，不方便磕烟袋，坐在上面和人打招呼不自在，挑水上去很困难，父亲进而生出对自己人生的困惑——"这人怎么了？"这仿佛也是小说作者邀请读者一起来探讨的难题。

（三）叙述视角

小说围绕父亲对"台阶"的执念，以第一人称体验视角讲述了台阶在父亲的生活中所扮演的重要角色。作品中并没有对父亲做任何评价，台阶对父亲的重要性是通过一些细节体现出来的。

精心修造好的三级台阶对"我"和母亲来说代表着温暖、惬意，但对父亲来说，最初的心满意足很快就消失了，让他念念不忘的，是"我们家的台阶低"。这种执念让"我"意识到，和家乡的风俗相应，台阶是地位的象征。

在"我"的眼里，"父亲老实厚道低眉顺眼累了一辈子，没人说过他有地位，父亲也从没觉得自己有地位。但他日夜盼着，准备着要造一栋有高台阶的新屋"。这里有"我"的困惑，也有"我"的觉知，而"我"对父亲最有悲剧感的感觉是在修新屋九级台阶的时候形成的，此时"我"眼中的父亲是这样的："他仿佛觉得有许多目光在望他，就尽力把胸挺得高些，无奈，他的背是驼惯了的，胸无法挺得高。"

父亲是活在世俗里、活在人生的压力下的，他努力想提升自己的自尊和地位，但终其一生也没有获得这样的能力和力量。

（四）主题意蕴

小说通过对现实生活场景的描述展现出台阶对父亲的重要意义，对台阶在这篇作品中的隐喻意义也进行过揭示，即"台阶高，屋主人的地位就相应高"。

> 父亲老实厚道低眉顺眼累了一辈子，没人说过他有地位，父亲也从没觉得自己有地位。但他日夜盼着，准备着要造一栋有高台阶的新屋。

这是作品中最能揭示题旨的一段话。的确，从没有人觉得父亲有地位，父亲也自知地位不够，但他甘于这样的境况吗？在父亲朦胧的意识里，似乎台阶的高度决定了主人的地位，于是父亲付出了大半辈子的时光来追求修造一个高高的台阶。

台阶造好了,父亲迫不及待地坐在上面,这应该是模仿他在村里邻居家常常看到也很羡慕的场景。但"他总觉得坐太高了和人打招呼有些不自在。然而,低了一级他还是不自在,便一级级地往下挪,挪到最低一级,他又觉得太低了",父亲终于还是没有找到自己的人生位置。

这人怎么了?

这个作者邀请我们探讨的问题,也是教师需要引导学生深入探讨的作品主题。人生的价值究竟体现在哪里?是比别人高的地位吗?如果是,怎样得来的地位才是有价值的?如果不是,那我们又该追求怎样的人生意义呢?

七、《故乡》解读

《故乡》是统编教材《语文》九年级上册第四单元的第一篇教读课文,该单元的主题是"青春年少"。

《故乡》是鲁迅的著名短篇小说,故事内容大致是"我"在深冬回到阔别二十多年的故乡,准备卖掉老屋,于是想起少年的闰土,以及两人欢度的时光;又遇到杨二嫂,对她的变化及表现也感到惊诧;及至见到现在的闰土,才发觉两人之间已有很深的隔膜,从闰土那里知道，他的景况以及世道都很不好；在离开家乡的船上，"我"想起过去如今的种种，感到人生希望渺茫，但同时又努力给自己打气。

《故乡》是一篇经典作品，对其主题的解读也已形成一定的定式：封建主义和帝国主义在导致旧中国农村经济凋敝、农民生活日益贫困的同时，也在思想上毒害了农民，使作者忧虑现实生活中人与人之间的隔膜，希望探求人生的新路。这一解读较为全面，涵盖面从社会背景到作者个人情感，然而对当代的年轻读者来说，他们的兴趣、关注点以及感受是否与此主题一致？这篇经典小说还有哪些值得我们挖掘和探索的地方？

（一）文本类型和人物形象

总体来看，《故乡》并不是一篇很典型的小说，它没有波澜起伏的情节，人物性格的呈现也缺乏戏剧性，加之以《故乡》为题，初读起来，很像是一篇纪实性的叙事散文，甚至有教师在教学过程中直接将作品中的"我"指称为"鲁迅"。

从文本类型的角度来看，《故乡》是一篇不很典型的人物型小说。作品并不强调安排曲折的情节，而是通过一系列场景来展现人物，但相较于塑造典型的人物形象，该小说更关注人物的变化。

在小说中，回故乡、在故乡、离故乡不过是一个叙事的线索，在这一过程中，作者以不同方式呈现了不同人物在不同时期的形象，这些形象也不过是人物的一个侧面而已，作者更关注的，似乎是通过人物形象的负向变化来呈现人生不易的感觉，其中较突出的人物就是闰土和杨二嫂。

童年的闰土是鲜活地活在"我"的内心甚至脑海中的，"闰土的心里有无穷无尽的希奇的事，都是我往常的朋友所不知道的"，他的生活是生动的，充满丰富而有趣的细节，他是让"我"深感不舍的好朋友。中年闰土只是一个普通的海边农民，贫穷、寒苦，"像他父亲一样"，对社会等级有清楚的意识，只对物质生活有深刻的关切，"我们之间……隔了一层可悲的厚障壁"。

年轻时的杨二嫂号称"豆腐西施"，只这一个词语，便可让人想见她年轻时的美丽与骄傲。如今的杨二嫂不再美丽，她的骄傲也只能仰仗年轻时的美名来维持，"辛苦恣睢"，爱占便宜，人格上不再追求任何自尊。

（二）叙述视角

小说采用第一人称叙述视角，回顾视角和体验视角并用，重点描绘了闰土和杨二嫂两个人物形象，少年闰土生动、鲜活，但值得注意的是，"深蓝的天空中挂着一轮金黄的圆月，下面是海边的沙地，都种着一望无际的碧绿的西瓜,其间有一个十一二岁的少年,项带银圈,手捏一柄钢叉,向一匹猹尽力的刺去,那猹却将身一扭,反从他的胯下逃走了",这幅经典的少年闰土的肖像并不是作者亲眼见到的,而是他在和少年闰土交游后想象出来的。

也就是说,隔膜不是刚刚有的。可以推测的是,讲述这些事情的少年闰土对海边生活的感受和少年的"我"并不相同,对少年闰土,这些不过是平常生活的一部分,只是"我"这生活在"高墙"之内的"少爷"看来"希奇"罢了。"我"对少年闰土的钦佩和羡慕,以及在见到中年闰土之后感到的极大的失望和隔膜,也是"我"与现实社会的隔膜的一部分。

相应地,年轻时的杨二嫂作为"豆腐西施"的光环,也掺杂了"我"作为少年人的想象,而生活的艰辛以及它改变人的能力却从未改变。

(三)主题意蕴

作为一篇颇有散文气息的小说作品,对当代年轻学生来说,除时代和生活背景的隔膜外,《故乡》的主题和其中的情感基调并无难解之处,换句话说,也没有更多值得深入探讨之处。那么,它作为经典的价值只在于具备历史意义吗?

上面从叙述视角的角度,我们重点关注了这篇作品在想象和隔膜层面的意涵,这其实也是解读作品主题时不可忽视的层面。具体来说，那个灵动、"见多识广"的少年闰土与其说"是我这记忆上的闰土"，不如说是我想象中的闰土，中年再见时，我与闰土之间的隔膜，也并不完全是由于特殊的时代背景和特定的个人身份差异引起的。少年时代的闰土和少年的"我"，由于特定时代的习惯与认知范围，彼此对对方的身份、地位乃至生活环境并无更多了解，使两人投缘的，仅仅是年龄。而人到中年，在自己特定的社会、经济背景下，各自经历了人生的种种历练乃至磨难之后，再次相见的两人，如何恢复当初的情投意合呢？年少无知之时，"我素不知道天下有这许多新鲜事"，因而可以通过和闰土在一起玩耍和交谈建构出一个"在海边"的让人艳羡的少年闰土形象，成年之后，一见之下，就已经知道过去早已远去，这是成人需要经历的一个认知关口，也是每一个人在自己的人生中都需要经历的关口。

　　因此，就作品的创作背景而言，将其主题确定为半殖民地半封建社会对人的戕害是大体不错的，但《故乡》之所以是经典，其原因与其说是其中包含"时代"因素，不如说是其中包含"时间"因素。

　　下一代仍要走上这一代人走过的路吗？阶级和时间所形成的隔膜是人所能克服的吗？"我"对此仍深感茫然。"希望是本无所谓有，无所谓无的。这正如地上的路；其实地上本没有路，走的人多了，也便成了路",不得不说,这一条路,是所有人都希望走出来的。

八、《我的叔叔于勒》解读

《我的叔叔于勒》是统编教材《语文》九年级上册第四单元的第二篇教读课文,该单元的主题是"青春年少"。

《我的叔叔于勒》是世界三大短篇小说巨匠之一、法国作家莫泊桑创作的短篇小说。故事内容大致是"我"们一家过着普通人的困窘生活,但一直保持着对于勒叔叔的幻想,因为听说于勒叔叔在海外发财了,他的归来会极大地改变"我"们的生活状况。在全家去哲尔赛岛游玩的船上,一家人发现那个落拓的卖牡蛎的人就是于勒。"我"父母大惊失色,失望之余,决定不让这个人影响自己的生活。

对《我的叔叔于勒》主题的常规解读是本文体现了资本主义社会使人与人之间的关系异化为金钱关系,批判了小市民的势利心和世态炎凉。从某种角度来说,这一解读并没有错,但在现代社会语境下,显然失于过度定型化或狭隘化。文学艺术的价值正在于其丰富性,过于单一或浅薄的解读既会使文学失却本身的魅力,也会影响读者的阅读兴趣。对教学而言,单一化的解读不仅无法有效培养学生的语文素养,甚至会引发学生对文学乃至社会和人生的误解。

（一）文本类型和情节结构

《我的叔叔于勒》是一篇较为典型的情节型小说，作品围绕"于勒"展开情节，进而展现作品主题及人物情感。

小说以《我的叔叔于勒》为题，虽然作为情节型作品并没有就于勒的形象进行深入、细致的刻画，但文中于勒作为情节线索的地位是很突出的，其他人对他态度的变化则构成了小说的主题意蕴。基于此，我们可以勾勒出本小说情节的基本结构：

（未见于勒：我的家庭生活）→（听说于勒："分文不值"→充满期待）→（见而未识：在船上吃牡蛎）→（认出于勒：恐惧、失望）→（我的叔叔于勒：同情/毫无同情）

结合上面的线索梳理文本，就可以很自然地看出小说中人物的生活状况、情感乃至品性。"我"家"刚刚够生活罢了""样样都要节省"，因为生活困窘，所以对原本是"坏蛋""流氓""无赖""分文不值"，后来发了财的于勒充满了期待，并因为有这个发了财的叔叔而解决了"我"的姐姐的待嫁问题；为此，全家人乘船去哲尔赛岛游玩，虽然生活困窘，但仍想仿效富人在船上吃牡蛎，这体现出"我"们一家爱慕虚荣的特点；"我"们一家因为吃牡蛎而遇到并认出于勒，在这一过程中，这家人经历了恐慌、失望乃至恐惧的心理变化，这体现出这家人强烈的功利心，以至于连"我"对叔叔的一点儿同情也遭到斥责。

不难看出，于勒是作品的结构要素，小说中人物的情感变化都是紧紧围绕他的境况展开的，具体而言，他的经济状况从根本上决定了人们对待他的态度。

（二）叙述视角

小说以《我的叔叔于勒》为题，以第一人称回顾性视角讲述了"我"少年时代的一个生活片段。仅从教材中所选取的这部分内容来看，在这一回顾过程中，作者并未加入自己的任何评价，仅有的感情流露也只是通过下面这段文字极为含蓄地表现出来的：

> 我看了看他的手，那是一只满是皱纹的水手的手。我又看了看他的脸，那是一张又老又穷苦的脸，满脸愁容，狼狈不堪。我心里默念道："这是我的叔叔，父亲的弟弟，我的亲叔叔。"

对人物外貌的描写体现出了"我"对于勒的同情，而那句默念则提示了"我"和父亲与于勒在血缘上的高度亲近，进而与眼前现实场景中父亲、母亲对于勒的唾弃和无情远离形成鲜明对比。也正是这句接近故事尾声的默念，与小说的标题相呼应，进一步突出了故事的戏剧性和曲折性，而"于勒"前面的"我的叔叔"，更突显了故事中相关人物在情感上的反差。

（三）主题意蕴

小说虽然以《我的叔叔于勒》为题，但更重要的人物形象显然是"我"父亲和母亲。从表面来看，这两个人爱慕虚荣、为人势利，没有任何可爱乃至值得同情之处。作者的意图是要讽刺和批判这两个人物吗？

从这两个人物的现实生活境况来看，"我父亲做着事，很晚才从办公室回来，挣的钱不多""我母亲对我们的拮据生活感到非常痛苦。那时家里样样都要节省，有人请吃饭是从来不敢答应的，以免回请；买日用品也是常常买减价的，买拍卖的底货；姐姐的长袍是自己做的，买十五个铜子一米的花边，常常要在价钱上计较半天"。这家人生活普通，辛苦工作，收入有限，经济压力大，在这种情况下，"糟蹋钱"的穷亲戚便是"恐怖"和"罪恶"的，尽管发了财的于勒曾经表示要"赔偿我父亲的损失"，说明他在本质上的确是一个"正直的人，有良心的人"，并因此成为全家的"希望"。

如此介意金钱的并不只是"我"父母，"没有什么钱"的公务员"之所以不再迟疑而下决心求婚，是因为有一天晚上我们给他看了于勒叔叔的信"。乍一看，"我"这位姐夫也是一个势利鬼，但他其实也是"诚实可靠"的。

如此看来，作为批判现实主义代表作家的莫泊桑想要批判的其实是当时的社会现实，而不仅仅是几个人物。文学作品有它的时代背景，其作者、主题和内容都难免有时代的影子乃至局限，但它之所以成为经典，正在于它所描写的社会现实并没有成为遥远的过去。如何理解金钱的价值和影响，如何理解社会文化给人带来的压力，如何在这样的影响和压力下明确人生的价值、亲情的价值，教师需要带领学生去深入探讨。

九、《智取生辰纲》解读

《智取生辰纲》是统编教材《语文》九年级上册第六单元的第一篇教读课文，该单元的主题是"人物百态"。

《智取生辰纲》出自我国四大名著之一、施耐庵所著《水浒传》第十六回后半部分，故事讲述了杨志奉大名府留守梁中书的派遣押送生辰纲到东京为当朝太师祝寿，在黄泥冈上被晁盖、吴用等人用计劫走生辰纲的经过。

《智取生辰纲》的核心主题是"智"，常规上关注点往往放在晁盖和吴用一方，这自然无可厚非，因为无论是从当时的正反派的角度,还是从吴用等人用计之深的角度,晁盖、吴用一方都颇值得赞赏。但正是因为杨志本人之前已做了充分的防备和安排,也有"智"的一面,才显得另一方的智慧更有光彩。

(一)文本类型和情节结构

《智取生辰纲》是一篇较为典型的情节型小说,故事围绕"智取"展开,情节曲折、画面感强,虽然语言习惯和现代白话文有差异,但基本不影响对作品的理解和鉴赏。作品围绕押运和劫夺生辰纲来写,如果说智斗是人物之间的事,其中的伏笔或潜台词体现的则是作者的创作智慧了。

小说从杨志一行做好押送准备写起,他们藏起了官家的威风,只作客商打扮,虽然天气炎热,也只敢大白日里赶路,各种劳苦自不必说,押送队伍内部也对杨志心怀不满。

这样连续多日赶路,等来到黄泥冈时,杨志已经支使不动队伍了,只能耽搁在这明知很凶险的地方。接下来,他们碰到另一队人马,乍看双方互相警惕,都担心对方是"歹人",其实读者一旦知道就里,就自然不得不佩服真"歹人"的心机。

对"歹人"的共同担心并不曾使杨志稍卸心防,因此他极力阻止同伴买酒。但"贩枣子的客人"在和卖酒人言来语去,又是不卖,又是没瓢,到最后痛快地就着枣子喝完酒、算完酒钱还要占便宜的时候，已经把酒里有没有蒙汗药测试过，使酒没有任何可疑之处了，何况卖酒人仍然坚持怄气不卖，于是杨志一行人还是买了酒。

故事结束得干脆利落，杨志失了生辰纲，算计他的正是演了一出双簧的一众英雄好汉。

（二）叙事特色

作为我国古代典型的白话小说，《智取生辰纲》的叙事艺术也颇值得关注。

《水浒传》脱胎于话本。话本是古代说书人讲故事的底本。就说书人来讲，话本最重要的是能吸引听众听下去，而且不仅要当场喜欢听，还要愿意一直听下去。为了这样简单而朴实的目标，在相对漫长的媒介极为简单的历史时期内，历代说书人充分发挥了自己的聪明才智，也为脱胎于话本这一艺术形式的我国四大古典名著的诞生奠定了深厚的基础。

从对押送准备的描写中不难看出，杨志一方对押运途中可能遇到的困难甚至灾祸是有准备的。深入分析的话也不难看出，他们对官民之间的仇恨有很深的了解——打扮成客商而避免被看出是官家，说明他们自己也很明白，民间的劫掠不单单是冲着钱财去的。在这一善恶基调下，晁盖、吴用一方的智取肯定是更加大快人心的。

即便是对一般没什么趣味的押送途中的琐碎小事，作者也进行了具体描写，这里面能看出话本小说的影响。杨志一方的内部纠葛，为后续他们落入圈套埋下了伏笔。

随着故事的发展，情节节奏也越来越快，等到作者揭秘的时候，读者已只剩下叫好的份儿，这样的故事，怎么会让人不想听下去呢？另外，杨志千方百计要避免的厄运还是被他遇上了，一同上当的他一点借口也找不到，后面将会怎样做，又留下了悬念。

（三）主题意蕴

若就教材中所选取的内容推敲作品主题，则教师通常会将主题定位为赞扬以晁盖、吴用为代表的民间力量的智慧。另外，从作品开头描写杨志带队押运生辰纲的部分中，我们也可解读出封建官吏为了保障自己的权威和利益而对普通劳动者极度压榨。

在文本解读过程中，我们会不可避免地谈及解读《水浒传》时一般都会提及的一句话，即官逼民反。在这篇课文中，容易让学生困惑的是，逼迫杨志走上反叛道路的，似乎并不是官，而是民（而且晁盖等先前也是小官吏），如果从杨志自身是大名府梁中书手下的提辖（省级武官）的角度来说的话，就更谈不上官逼民反了。正如学者指出的那样：虽然《水浒传》一向以描写农民起义著称，但其实里面带头造反的，基本都出身于官吏阶层，这个问题该如何看呢？

从现代眼光来看，这里不得不谈及所谓"政治生态"的问题。《水浒传》是一部元末明初成书的作品，但小说中的故事背景是宋代。考虑到该作品在作者方面有争议，以及它很可能有集体创作的话本原型，这部作品应该在传承过程中呈现了宋元明较长时期内的政治生态的基本状况。《水浒传》中再现的政治生态里，官吏不过是高度维护自身私利的一个群体，对皇帝或政府已经谈不上尽忠竭力，对普通百姓更不过是予取予求而已。在这样的生态下，互相的体恤恐怕只能发生在无利害冲突的相同阶级乃至阶层之间，从《智取生辰纲》的内容中不难看出，即便杨志表面贵为官吏，所求也无非是通过各种努力维持自身的地位而已。如此脆弱的政治生态，官逼民反也好，改朝换代也罢，都是自然而然的事了。

十、《孔乙己》解读

《孔乙己》是统编教材《语文》九年级下册第二单元的第一篇教读课文，该单元的主题是"多彩人物"。

《孔乙己》是鲁迅的著名短篇小说，小说从酒店的大体情况写起，孔乙己之所以让人印象深刻，是因为他是酒店里一个不可多得的笑料。他身上的笑话有很多，说话文绉绉，为了活下去偶尔偷盗却不愿意承认，他作为失败读书人的身份则短暂地成为人们的谈资。没有人在意他，即便小孩子也只嘲弄和欺负他，自然也没有人在意他的生死，而他最终应该就是悄无声息地死去了。

《孔乙己》作为一篇经典作品，其主题一般被定位为揭露科举制度对人性的毒害以及社会现实的冷酷，其中也包含鲁迅小说鞭挞国民劣根性的一贯主旨。小说以鲁镇酒店为背景，通过外貌、神态、语言、动作描写，刻画了孔乙己这样一个经典的人物形象。小说"以乐写哀"的笔法也极为人所称道。

（一）文本类型和人物形象

《孔乙己》这篇作品展现了作者鲁迅自身突出的创作特色，同时也是一篇比较典型的人物型作品。如果说作品中有故事的话，那也不过是以酒店小伙计的视角讲述孔乙己的人生历程，故事中没有很多波澜起伏，没有突出的戏剧性冲突，不同的故事片段间也没有明确的连续性或因果关系，人物性格比较单一，但不失生动鲜活。

作为一篇比较典型的人物型作品，《孔乙己》中着力塑造的是孔乙己的人物形象。"孔乙己是站着喝酒而穿长衫的唯一的人"，小伙计不经意的一句话，点出了孔乙己与自己生活的环境格格不入的窘境，在接下来的叙述里也不难看出，孔乙己对自己的读书人身份极其执着，虽然难免偷窃，但在公众场合，还是坚持所谓"读书人"的君子之风。"你怎么这样凭空污人清白……""窃书不能算偷……窃书！……读书人的事，能算偷么？"另外还有"君子固穷"等，他说话"总是满口之乎者也"，即便是在因为偷窃而被打折了腿，只能匍匐前行的时候，他也只说"不要取笑"，"他的眼色，很像恳求掌柜，不要再提"。读书人与窃贼之间的巨大身份矛盾，令孔乙己无法自处。虽则迫于生计不得不偷窃，他"品行却比别人都好，就是从不拖欠；虽然间或没有现钱，暂时记在粉板上，但不出一月，定然还清，从粉板上拭去了孔乙己的名字"。孔乙己所受到的教化令他对失德以及耻辱极为敏感，而他的遭遇却令他难以避免受辱的境遇，这也是人物命运的悲剧性所在。

（二）叙述视角

小说采用第一人称体验视角，叙述者是十几岁的酒店伙计，"样子太傻，怕侍候不了长衫主顾"，这不只是为讲述孔乙己的故事做铺垫，还说明因为"我"年龄小，社会经验有限，又"傻"，所以只能客观讲述自己所见，没有任何评价或情感流露，一切都由读者去感受和评判。

在"我"的眼里，短衣主顾"虽然容易说话，但唠唠叨叨缠夹不清的也很不少。他们往往要亲眼看着黄酒从坛子里舀出，看过壶子底里有水没有，又亲看将壶子放在热水里，然后放心：在这严重监督之下，羼水也很为难"。通过简单叙述，就把一个阶层的见识和经济状况，以及他们众所周知的唯利是图交代得很清楚。而在"我"眼里，孔乙己无非是个笑料，因为大家都这么觉得。

孔乙己原本只是个姓孔的落拓读书人，他肯定知道也记得自己的尊姓大名，可是没有人关心这个，只为了扯闲和记账方便，给他安上"孔乙己"这么个不伦不类同时充满揶揄的名号，单是这个名字本身及其来历，就已彰显了人物的微不足道，和人物的读书人身份相映照，其中的悲剧感令人不忍细思。

（三）主题意蕴

小说从酒店的一般情况写起，表面是交代背景，实则也是对阶层社会的白描，在这样的社会里，每个人都明确地或潜在地知道自己的社会地位，他们心照不宣，谨守本分，只要不越雷池一步，就可以在自己的小天地里自在甚至惬意地生活。然而在这样的社会里，个人身份的落差却造成了孔乙己的社会悲剧。

原本是读书人的孔乙己现在是毫无地位的，"孔乙己自己知道不能和他们谈天"，他坚持穿长衫，保持自己读书人的身份，但现实是即便短衣主顾也看他不起。不仅如此，他还成了这些人的笑料。酒店里终日人来人往，但"只有孔乙己到店，才可以笑几声"，后文又两次提及，因为众人一起嘲弄、奚落孔乙己，"店内外充满了快活的空气"。原本身为顾客的孔乙己也没有得到顾客应得的尊重和照应，在孔乙己问"我"读过书没有时，连这个店里地位最低的小伙计都认为："讨饭一样的人，也配考我么？"不仅小伙计笑他"掌柜是决不责备的。而且掌柜见了孔乙己，也每每这样问他，引人发笑"，在掌柜眼里，孔乙己不过是为自己赚生意的好笑料。

在这样的社会环境中，孔乙己是一丝一毫的尊严也没有的，而他并不因为充当了笑料就能受到人们的怜悯或体恤，"孔乙己是这样的使人快活，可是没有他，别人也便这么过"。到他因为偷了大人物家里的东西而要送命时，也没有人关心他的生死，"'怎样？……谁晓得？许是死了。'掌柜也不再问，仍然慢慢的算他的账"。掌柜心里只惦记"孔乙己还欠十九个钱呢"，除此别无其他。故事的结局是"大约孔乙己的确死了"，这样一个人物，其生死完全不值得追究。

人物自身身份和社会地位落差造成的悲剧性，使故事渗透着深深的悲剧感，相应地，造成这种悲剧的有人物自身的原因，也有深刻的社会原因，这是值得读者品味和探讨的。在故事中，不曾有一个人对孔乙己表现出一丝一毫的怜悯，但我们不能说作者对这样的人物也毫无同情。

参考文献

[1] 胡亚敏.叙事学[M].武汉：华中师范大学出版社，2004.

[2] 罗晓晖.方法与案例：语文经典篇目文本解读[M].上海：华东师范大学出版社，2017.

[3] 龙迪勇.空间叙事学[M].北京：生活·读书·新知三联书店，2015.

[4] 荣维东.语文文本解读实用教程[M].北京：北京大学出版社，2016.

[5] 申丹，王丽亚.西方叙事学：经典与后经典[M].北京：北京大学出版社，2010.

[6] 童庆炳.文学理论教程:第五版[M].北京：高等教育出版社，2015.

[7] 王荣生.语文科课程论基础:第二版[M].上海：上海教育出版社，2005.

[8] 王耀辉.文学文本解读[M].武汉：华中师范大学出版社，1999.

[9]夏丏尊,刘薰宇.文章作法[M].北京:中华书局,2013.

[10]张寅德.叙述学研究[M].北京:中国社会科学出版社,1989.

[11]〔俄〕弗·雅·普罗普.故事形态学[M].贾放,译.北京:中华书局,2006.

[12]〔法〕A.J.格雷马斯.结构语义学[M].蒋梓骅,译.天津:百花文艺出版社,2001.

[13]〔古希腊〕亚理斯多德,贺拉斯.诗学·诗艺[M].罗念生,杨周翰,译.北京:人民文学出版社,1962.

[14]〔荷〕米克·巴尔.叙述学:叙事理论导论(第三版)[M].谭君强,译.北京:北京师范大学出版社,2015.

[15]〔加〕佩里·诺德曼,梅维丝·雷默.儿童文学的乐趣(第三版)[M].陈中美,译.上海:少年儿童出版社,2008.

[16]〔美〕勒内·韦勒克,奥斯汀·沃伦.文学理论(新修订版)[M].刘象愚,等,译.杭州:浙江人民出版社,2017.

[17]〔美〕杰拉德·普林斯.叙事学:叙事的形式与功能[M].徐强,译.北京:中国人民大学出版社,2013.

[18]〔美〕西摩·查特曼.故事与话语:小说和电影的叙

事结构[M].徐强,译.北京:中国人民大学出版社,2013.

[19]〔以色列〕里蒙-凯南.叙事虚构作品[M].姚锦清,等译.北京:生活·读书·新知三联书店,1989.

[20]卢杨.统编语文教材中"矛盾—解决"知识点的理解与运用[J].中小学教材教学,2019(2):4-8.

[21]卢杨.叙事中不能承受"经过"之虚[J].语文学习,2018(6):4-7.

[22]卢杨.借助"叙事弧线"提升记叙文结构能力[J].中学语文教学,2019(5):37-40.

[23]王荣珍.分文本类型,借结构分析把握小说特点——初中语文统编教材小说教学新探[J].中学语文,2020(2):10-13.

后 记

2004年，我刚到北京教育学院工作，当时新课程改革（以下简称新课改）正进行得如火如荼，我以指导教师的身份下校指导一线教师开展教学改进研究工作。在这一过程中我发现，新课改激发了学生的主观能动性，当学生与文本的丰富对话出现在课堂上时，由教师向学生单向传达文本意义的教学模式转化成了师生和文本多重对话的模式，学生对文本解读的积极参与也对教师的文本解读能力提出了较大挑战。

语文教学中涉及丰富的体裁和文本类型，不同的体裁和文本承载了不同的教育目标，而叙事文人文性和工具性相统一的特点则使之能够发挥更大的功能性价值。此外，从教师们在一线的教学实践来看，叙事文是中小学语文教材中的重要内容，无论内容、形式还是主题意蕴，都相对丰富和复杂，相比其他文类，文本解读的难度也比较大。因此，本研究选择以叙事性作品的文本解读为切入点，以课堂教学中的文本解读难点为突破点，力图借助叙事学理论知识，为提升中小学师生的文本解读能力提供有效工具。

眼前的这本小书是上述研究项目的阶段性研究成果。在研究过程中，笔者关注了语文教学研究领域的诸多问题，目前仅围绕这一主题提炼了一些研究成果，期待能够在新课改背景下为一线语文教师的教学研究提供一定助力。这一过程也是我个人作为教师培训者及基于实践取向的教学研究者获取专业知识的过程，本书的理论工具是叙事学，解读的文本是中小学语文教材中的叙事性作品，作为语文学科课程与教学研究者，我需要将上述两个有着一定隔膜的领域结合起来，通过自下而上、自上而下多次循环往复的理论转化与文本解读实践，探寻叙事学理论与叙事性文本教学需求相结合的解读角度，并总结出可供参照的相应案例。这样较为繁难的工作不是一个人单打独斗所能完成的，它需要的是一个团队，我也很荣幸地得到了来自各方面的真诚助力。

北京教育学院石景山分院的王荣珍博士作为北京大学外国语学院的文学博士，对叙事学有较深刻的理论认知和实践应用经验。在本专题的研究过程中和本书的写作过程中，王荣珍博士都对我提出过系统又细致的建议，在此表示特别的感谢！北京市海淀区翠微小学的李红老师带领一线教师团队尝试运用叙事学视角开展文本解读实践，并将实践中存在的问题及时反馈给我。此外，还有来自全市各区多所中小学的一线教师以指导对象或培训学员的身份参与本专题的研究和讨论，她们的研究与实践也是本书不可或缺的助力，在此一并表示感谢！

感谢北京教育学院领导为教职工创设的良好科研氛围以及激励和保障机制。学院良好的科研环境一方面帮我解决了很多难题，另一方面使我焕发出积极研究的热情；感谢我的两位直接领导——北京教育学院人文与社会科学学院的吴欣歆院长和邹雪梅副院长一直以来给予我的关怀、支持与帮助，她们让我深切体会到女性领导特有的细致与温暖。我的前辈同事、语文教育研究专家苏立康教授对本书的选题给予了高度认可，并对全书结构提出了非常有价值的建议。写作期间，中文系胡春梅主任、办公室的曹雅玉老师、初等教育学院的陈晓波老师不断鼓励我，恰到好处地敦促我抓紧时间；北京教育学院基础教育人才研究院的季苹教授多年前就建议我写一本提升语文教师文本解读能力的书，并一直期待、鼓励我早日完成此书，她们的拳拳之意让我铭感于心！

感谢北京市教育学会语文教学研究会理事长、中国教育学会中学语文教学专业委员会副理事长李卫东老师百忙之中欣然应允为本书写序，李老师站在语文学科教学实践知识建构的高度对本书内容予以肯定，其鼓励给予了我继续前行的勇气与力量。

华文出版社编辑刘超平老师从选题申请开始，对本书的出版付出了心血和专业的指导，她认真负责的态度支撑着我努力按时高质量地完成书稿。感激她的殷勤付出！

最后，要感谢我的家人和朋友。书稿紧张写作之时，正值因新型冠状病毒肺炎疫情国家号召"就地过年"之际，忘不了和几家好友一起迎接2021辛丑牛年到来的情景，他们持续给予我力量，让我感到工作和生活是那么美好。

卢　杨

2021年2月10日